工业和信息化普通高等教育
"十四五"规划教材立项项目

高等院校
**市场
营销**
新 形 态
系列教材

直播
营销实务

微课版

崔博 / 主编

MARKETING
MANAGEMENT

人民邮电出版社
北京

图书在版编目（CIP）数据

直播营销实务：微课版 / 崔博主编. -- 北京：人民邮电出版社，2023.10
高等院校市场营销新形态系列教材
ISBN 978-7-115-62600-4

Ⅰ．①直… Ⅱ．①崔… Ⅲ．①网络营销－高等学校－教材 Ⅳ．①F713.365.2

中国国家版本馆CIP数据核字（2023）第167175号

内 容 提 要

本书系统、全面地介绍了直播营销的主要技能和方法。本书共 8 章，主要内容包括直播营销基础、直播营销团队的组建、直播营销的筹备、直播营销商品规划、直播营销推广、直播间的营销管理、直播营销数据分析与复盘，以及主流直播平台营销实战。全书内容新颖、通俗易懂、案例丰富，便于读者快速掌握直播营销的相关知识。

本书提供 PPT 教学课件、微课视频、教学大纲、电子教案、习题答案等资源，用书教师可在人邮教育社区免费下载。

本书既可以作为市场营销类、企业管理类、商务贸易类及电子商务类等相关专业的新媒体营销课程的教材，也可以作为从事直播行业人员的参考用书。

◆ 主　编　崔　博
　　责任编辑　孙燕燕
　　责任印制　李　东　胡　南
◆ 人民邮电出版社出版发行　　北京市丰台区成寿寺路 11 号
　　邮编　100164　电子邮件　315@ptpress.com.cn
　　网址　https://www.ptpress.com.cn
　　固安县铭成印刷有限公司印刷
◆ 开本：700×1000　1/16
　　印张：13　　　　　　　　2023 年 10 月第 1 版
　　字数：223 千字　　　　　2025 年 3 月河北第 4 次印刷

定价：52.00 元

读者服务热线：(010)81055256　印装质量热线：(010)81055316
反盗版热线：(010)81055315

前 言
PREFACE

党的二十大报告指出："加快发展数字经济，促进数字经济和实体经济深度融合，打造具有国际竞争力的数字产业集群。"这为我国数字经济领域的发展指明了方向。

科技进步促进经济发展。在营销领域，结合互联网技术，一种新颖的营销方式如火如荼，这便是直播营销。直播营销入门门槛较低，人人可以直播，如路边街角的直播、生产现场的直播、海边渔舱的直播都迅速地吸引大量消费者的关注，并再次拉近了生产或销售企业与消费者的距离。越来越多的个人和企业进入直播领域，这也使直播营销的行业发展变得更为快速。

但在直播营销领域，究竟应如何进行直播营销？如何更好地进行直播营销？如何复盘？直播就是营销吗？……此类问题在一定程度上困扰着直播营销的参与者与其他相关从业者们。可以说，直播营销行业的发展既离不开行业规范，也离不开理论指导。直播营销更多的是一种新型的营销模式，其发展、创新、完善都需要营销思想的引导，而不是盲目地生长。另外，在直播营销模式的发展影响下，营销理论中所讨论的许多经典问题也在实时地发展创新。例如，营销经典理论中关于营销"渠道"问题的设定，在直播营销面前已经演变成一种全新的模式。本书对于直播营销实务问题的分析与介绍恰恰反映了这种发展与变化。

本书基于直播营销与推广实践中的具体流程与实际环节编写而成，以实际的直播流程为线索，并结合理论知识与实战技能，展开内容讲解。本书特色如下。

1. 与时俱进，紧跟需求

本书立足新商业应用，紧跟直播营销发展趋势，提供与直播筹备、直播实施与直播复盘，以及与主流直播平台的实操相关的高质量实践教学内容，帮助读者提高学习效果。

2．能力强化，素养提升

本书紧跟时代发展步伐，深入贯彻党的二十大精神，落实立德树人根本任务，设置了"素养提升"模块，融入诚信经营、法治精神、创新意识、职业道德等内容，引导读者形成正确的人生观、价值观、世界观。

3．结构合理，注重实践

本书结合每章的具体特点，设计了教学目标、引导案例、课堂讨论、小提示、知识窗、本章自测题、任务实训等板块，有利于读者将理论与实践相结合，增强对知识的理解和应用。

4．资源丰富，便于教学

本书配套丰富的教学资源，包括微课视频、PPT教学课件、习题答案、教学大纲、电子教案等，便于教师教学。用书教师可登录人邮教育社区（www.ryjiaoyu.com）免费下载。

本书由崔博担任主编。南京航空航天大学经济与管理学院王群伟老师、谭清美老师、刘益平老师、查冬兰老师、王子龙老师等也都在百忙之中对本书的编纂出版给予了大力帮助与支持，在此一并表示最诚挚的感谢！

由于编者水平有限，书中难免存在不足之处，恳请广大读者和同行批评指正！

海阔凭鱼跃，天高任鸟飞！

崔　博

2023年7月

目 录
CONTENTS

第1章

直播营销基础

由于直播营销成本低、覆盖范围广、效果直接、反馈高效，因此越来越多的企业开始借助直播进行营销推广。本章主要讲述直播营销认知、直播平台类型、直播营销的风险防范及发展趋势、直播营销的行业解析、直播营销活动的基本流程等内容。

【教学目标】

知识目标	☑ 熟悉直播与直播营销
	☑ 熟悉直播营销的价值
	☑ 掌握直播营销的风险防范及发展趋势
	☑ 熟悉直播营销的主要形式
技能目标	☑ 掌握直播营销的三要素
	☑ 掌握直播平台类型
	☑ 掌握直播营销的产业链
	☑ 掌握直播营销活动的基本流程
素养目标	☑ 树立依法纳税意识

【引导案例】

小米MAX直播营销推广

小米在营销方面一直奇招频出。为了推广小米MAX，小米首席执行官雷军开启了直播，吸引了大量消费者前去围观。雷军在直播中不仅向消费者展示了小米MAX的性能优势，还讲解了许多关于伪基站的知识，获得了不少关注。

雷军对直播这样的推广模式表示了肯定，他认为直播能够改变信息的交互模式，为消费者带去更好的购物体验。在雷军进行直播推广后，小米MAX的销量有了惊人的上涨，实现了销售额的突破。由于雷军是众多消费者熟知的"网络红人"，其直播具有很强的影响力和号召力，能吸引更多消费者购买商品，因此能推动小米MAX销量增长。

小米MAX直播推广获得了巨大的成功，直播带来的巨大流量能够带来惊人收益。雷军把握住这个机会，提升了小米MAX的销量。

从上述案例中我们可以发现，企业通过直播营销进行商品宣传能够获得两方面的好处。

首先，极具创意的现场直播营销方式，为广大消费者带来了"所见即所得"的消费体验。消费者看到主播在挑选商品，就好像自己也置身于商场中一样。经验丰富的主播通过专业的介绍能激发消费者的购买冲动。

其次，企业通过广告、公关与直播的营销组合，在直播场景中植入商品信息，让网购变为直播内容的一部分。这样不仅可以减少消费者的抵触情绪，而且可以让消费者接受企业的经营宗旨，对提升品牌形象有很大的促进作用。

每一次的媒介变革都会带来一场营销革命。直播营销之所以能快速受到大众的认可，是因为它的特殊性。而企业如果能恰当地利用直播营销，就能使这场媒介变革成为企业经营发展的助推器。

思考与讨论

（1）企业通过直播营销能获得哪些好处？

（2）小米是如何通过直播进行营销的？

1.1 直播营销认知

直播营销已经深入千家万户，成为广大企业营销的利器。直播营销能够为用户提供更好的营销体验，并极大地提高商品销量，因此越来越多的企业和个人瞄准了直播营销这个风口。

直播营销认知

✎ **课堂讨论**

你所理解的直播与直播营销是什么？

1.1.1 直播与直播营销

传统意义上的直播是指与事件本身同步进行的广播、电视直接播出方式，如以电视或广播平台为载体的体育比赛直播、文艺活动直播、新闻事件直播等。随着互联网技术的发展，尤其是移动互联网速度的提升和智能手机的普及，基于互联网的直播形式出现了，即用户以某个直播平台为载体，利用摄像头记录某个事件的发生、发展进程，并在网络上实时呈现，其他用户在相应的直播平台上能直接观看并进行实时互动。

当前人们所说的直播，多数情况下是指基于互联网的直播。直播属于社交网络服务的一种，通过真实、生动的画面，营造出强烈的现场感，达成让人印象深刻、记忆持久的传播效果。相比其他的信息传播方式，直播的实时性、交互性、开放性更强，能够与各个行业结合，有助于主播迅速与用户建立强信任关系，形成粉丝社群；同时，直播也更加契合互联网移动化、碎片化的趋势，能够承载多种商业模式。

直播营销是指企业或个人以直播平台为载体进行营销，以实现提升影响力和提高商品销量目的的一种营销活动。直播营销能够快速吸引用户的注意力，因此成为深受欢迎的营销手段。

1.1.2 直播营销的三要素

直播营销是"人""货""场"三要素的结合，如图1-1所示。直播营销本质上就是围绕这三个要素来展开的。

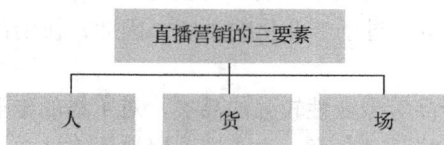

图1-1 直播营销的三要素

1. 人

人是直播营销的第一要素。直播营销涉及主播、运营团队、粉丝等，其中主播是核心。直播营销的成功，离不开主播对商品的深入了解及主播较强的表达能力、控场能力等。运营团队的配合及辅助，是直播营销能够顺利进行的至关重要的因素。粉丝的忠诚度、购买力、数量则和最后的成交息息相关。

目前，直播营销的主播主要分为专业电商主播、网络达人、企业员工、专家、主持人等类型。选择合适的主播很重要，个人商家或企业商家可以从三个方面来考虑：匹配度、"带货"力和性价比，如图1-2所示。

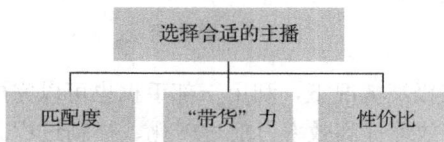

图1-2 选择合适的主播

（1）匹配度需要从这几个方面来考查：主播的粉丝画像、主播形象、主播的专业度、主播的直播间氛围、主播的口碑等。

（2）"带货"力需要从这几个方面来考查：粉丝活跃度、粉丝团及直播数据等。

（3）性价比需要从这几个方面来考查：转化率、垂直性、佣金等。

2. 货

货也就是直播中的商品，有价格更优惠、品相更好、品质更好的货或者"你有别人没有的"货是直播营销成功的关键。

直播营销团队根据直播账号所针对的具体消费群体或者不同场景的不同需求，选择直播营销的商品。例如，某主播的粉丝群体以女性为主，所以他的"带货"主线可以是美妆。

随着直播营销的迅猛发展，直播营销涉及的商品品类不断丰富，涵盖美妆护肤、服装鞋帽、图书、箱包、珠宝、3C产品、汽车等多个品类。复购率高、客单价低、利润率高的品类在直播营销中更为受益。

从专业化程度的角度来看，在快消品品类中，由于不同品牌的商品差异较小，因此用户购买此类商品更多是受品牌效应的驱动。此外，这类商品的专业化程度较低，主播不需要对商品进行过于专业化的讲解。因此，快消品成为直播营销的热门品类之一。

汽车、珠宝、3C产品等专业性较强的品类，对主播的专业化程度要求较高。主播只有与用户进行专业的双向交流，才能推动用户更快地做出购买决策。所以，在直播中销售这些品类的商品时，主播对商品认识得越深刻，对商品的介绍越专业，越容易促成用户购买。

3. 场

场就是主播所处的直播场景，它直接影响用户在观看直播时的视觉感受和消费体验，极大地影响直播的效率。直播营销的场要素主要包括设备选择、直播间布置、场地选择，如图1-3所示。

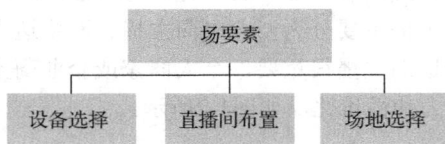

图1-3　场要素

（1）设备选择。在极端情况下，利用一部手机也可以完成直播，但更专业的设备与场景布置，可以有效地提高效率、促进转化、控制过程。直播不受地理位置的限制，其潜在用户数量可能非常大，所以主播应采用高配置的计算机、独立网线等，避免在直播过程中出现网络卡顿现象。如果采用手机直播，则主播应准备两部手机，一部手机用来直播，另一部手机用来查看粉丝留言，方便与粉丝及时互动，同时还要特别注意保持电量充足。另外，主播还应选择专业的摄像头，以保证直播画面的清晰度。

（2）直播间布置。直播间布置包括灯光和背景等的布置。一般来说，直播间应该依照明确和简洁两个原则进行布置。在布置直播间时，主播需要根据品牌定位和商品特点来做出相应的设计，如灯光的明暗程度、色温、色调、背景墙的颜色与风格等；此外，主播还应该注意直播间的隔音效果、话筒收音效果等。

（3）场地选择。越来越多的企业开始在更多的时间段和更多的场景下展示商品，直播营销的场地越来越丰富、多元。直播营销常见的场地包括原产地、生产车间、实体门店、搭建的直播间、供应链基地等。

> **知识窗**
>
> 　　选择场地时，企业要优先选择用户购买与使用商品频率较高的场地，以拉近与用户之间的距离，加深用户观看直播后对商品的印象。与此同时，企业还可以基于活动策划需要，根据人数、游戏内容、商品陈列等选择场地。

1.1.3　直播营销的价值

直播营销不但可以帮助企业高效获取精准用户，而且可以提高销售效率。直播营销的价值包括为企业创造品牌价值，帮助企业高效获取精准用户，能够维护、开拓销售渠道，可有效提高商品销售转化率，如图1-4所示。

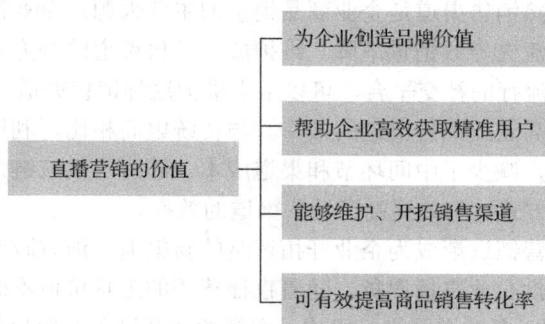

图1-4　直播营销的价值

1. 为企业创造品牌价值

在直播营销中，直播作为一种工具，可以为企业创造品牌价值。一些国际企业即使已经具备了一定的品牌影响力，也会采用直播来创造、维护品牌价值，甚至将直播创造的品牌价值作为品牌竞争的有力武器。

在媒体视频化的趋势下，直播替代了传统的视频、图文，成为更多企业的选择。企业在直播中添加商品信息、活动图文介绍、视频等，有助于用户与企业实时对话，加深对企业品牌的印象。直播已成为企业建立品牌形象的必要路径，因为企业品牌形象的建立几乎都是围绕"品牌曝光"进行的。

小提示

在衡量直播对企业的价值时，并不能只看单场销售数据，还看其与企业原有资源能力体系相打通、互补充、共协同的能力。

2. 帮助企业高效获取精准用户

企业进行直播营销的目的之一是发现或挖掘用户需求，让用户了解企业的商品，并最终形成用户消费黏性，为企业培养、挖掘一批忠实用户。企业通过直播获取精准用户的途径如下。

（1）通过KOL获取精准用户。关键意见领袖（Key Opinion Leader，KOL）是营销学上的概念，通常被定义为拥有更多、更准确的商品信息，且为相关群体所接受或信任，并对该群体的购买行为有较大影响力的人。KOL自身拥有较好的粉丝基础，更容易对自己影响的群体进行营销，企业可以通过KOL获取精准用户。

（2）直播IP的打造。企业打造直播IP，通俗来说就是打造有影响力的直播品牌。IP其实就是知识产权（Intellectual Property），是知识积累到一定量级后输出的精华。企业建立的直播IP，是企业的品牌资产，可以帮助企业完成对精准用户的获取。

3. 能够维护、开拓销售渠道

企业已有的成熟销售渠道是企业商品销量的主要来源。企业需要对这种渠道进行维护，防止用户流失导致销量下降。维护成熟销售渠道的好方式就是社交，而直播平台作为当下较流行的社交平台，可以用来维护这种销售渠道。

直播可有效提高企业销售渠道的效率。与传统电商相比，利用直播，企业直接通过主播触达用户，减少了中间环节和渠道成本，缩短了供应链，简化了销售渠道与用户的相互作用方式，有效提高了销售渠道的效率。

近年来，直播营销逐渐成为企业开拓销路的新渠道。地方政府和直播平台开始积极组织和推动大批企业直播卖货。随着直播营销的工具价值不断被开发，在直播平台、商家、MCN（多频道网络）机构、主播的踊跃进入及用户的认同追随下，直播营销已成为最具潜力的新兴销售渠道之一。

4. 可有效提高商品销售转化率

直播通过现场互动的方式刺激用户在观看过程中直接购买商品。通常情况下，粉丝更多的主播能够为用户争取更大的商品优惠力度，因此用户也更愿意消费。当直播中的商品在用户心中留下良好的印象时，品牌的形象自然也会获得一定的加分。

此外，主播凭借其强大的内容营销能力，通过理念传递和消费习惯培养，能够进一步刺激用户产生购买商品的行为，并持续复购。

1.2 直播平台类型

直播平台是直播产业链不可或缺的重要部分，目前直播平台主要分为四类，即综合类直播平台、电商类直播平台、短视频类直播平台、私域流量直播平台，如图1-5所示。

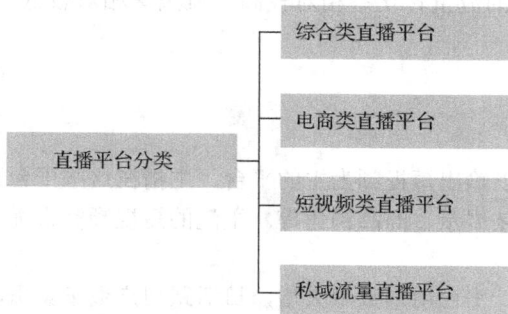

图1-5 直播平台分类

✏️ **课堂讨论**
你了解的直播平台类型有哪些？各有哪些直播平台？

1.2.1 综合类直播平台

综合类直播平台是指包含户外、生活、娱乐、教育等多种类目的直播平台，用户在这类平台上可以观看的内容较多。目前，具有代表性的综合类直播平台有斗鱼直播、虎牙直播、花椒直播、一直播、映客直播等。图1-6所示为虎牙直播。

图1-6 虎牙直播

这种类型的直播平台在直播行业具有较大的优势，因为其涵盖的直播内容比较丰富，受众群体也比较广。

1.2.2　电商类直播平台

电商类直播平台是指具备直播功能的电商平台，如淘宝、京东、拼多多等。这类平台借助直播吸引流量，以获得更多的用户、拓展营销渠道、增强用户对平台的黏性。电商类直播平台具有较强的营销属性，电商企业可以通过直播的方式讲解商品，吸引用户关注自己的商品并产生交易，而用户在这些平台观看直播的主要目的也是购买商品。电商类直播平台的流量转化率相对较高，流失率相对较低。图1-7所示为淘宝直播。

1.2.3　短视频类直播平台

短视频类直播平台主要是指以输出短视频为主的平台，主播在这些平台开通直播功能后，可以通过直播进行才艺展示、商品销售等。主流的短视频类直播平台有抖音、快手、西瓜视频等。

由于近两年短视频平台火爆，平台用户数量大增，日活跃用户数量暴涨，有流量就有话语权，所以抖音、快手等不甘心只做导流平台，开始搭建自己的直播平台。在抖音、快手等平台上，优质的短视频内容能为直播带来精准流量，有利于直播营销的顺利进行。图1-8所示为抖音直播。

图1-7　淘宝直播

图1-8　抖音直播

1.2.4　私域流量直播平台

私域流量直播平台主要是基于微信平台的视频号直播和企业微信直播。相比其他类型的直播平台,这两个平台的卖货属性目前还不太明显。但其特别之处在于:其背靠有12亿人次日活用户的微信平台,可直接触达微信用户;用户不用下载App,在微信平台点开链接即可观看直播,进而被直接引流至直播运营者的微信或企业微信,成为直播运营者的私域流量池用户。

企业的营销宣传,通常需要借助广告的形式来实现,需要投入广告成本,而有了私域流量后,企业就与用户"面对面"了。企业有什么促销活动、优惠信息,都可以直接发送给用户,不仅信息传达及时,也节约了营销成本。

2020年微信视频号开通直播功能,流量入口不断增加,公众号运营者在视频号直播中扛起了大旗。用户可以通过微信"发现"中的"直播"看到直播信息,或者在朋友圈看到微信好友分享的直播信息,如果感兴趣,直接点击即可进入直播间。图1-9所示为视频号直播。

图1-9　视频号直播

1.3　直播营销的风险防范及发展趋势

直播营销的
风险防范及
发展趋势

直播作为时下最热门的营销模式之一,迎来了"井喷式"增长,能满足企业的推广、传播、销售需求,因而受到广泛欢迎。但

1
Chapter

直播营销也具有一定的风险。下面就来介绍直播营销的风险防范及发展趋势。

1.3.1　直播营销的风险防范

直播营销的风险是指在直播环境下，某种损失发生的可能性。直播营销具有群体效应和双向强互动的特点，这就使得直播营销的风险性相对以广播电视为代表的传统媒体更强。直播营销风险防范措施包括用户风险防范措施、主播风险防范措施、直播平台风险防范措施、商家风险防范措施，如图1-10所示。

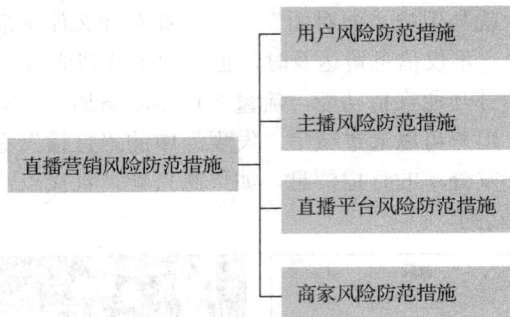

图1-10　直播营销风险防范措施

1．用户风险防范措施

当直播销售的商品确实存在质量问题时，用户可以通过售前及时保留相关证据、减少冲动性购买和采取积极的维权方式等措施，尽量将损失降到最低。用户风险防范措施如图1-11所示。

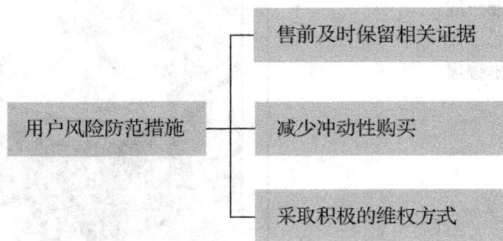

图1-11　用户风险防范措施

（1）售前及时保留相关证据。用户在观看直播购物时，应及时保存相关证据，比如可采用截屏、录屏的方式保留主播承诺的文字或销售图片，包括商品价格折扣、弹幕留言等信息。产生纠纷时，用户保留证据便于后续取证。

（2）减少冲动性购买。直播销售商品的价格折扣，加上主播富有诱惑力的语言，让用户极易产生购买冲动。对此，用户在观看直播前，有必要拟定明确的消费目标，正确认识主播与商品之间的关系，加强对商品价格、质量等的全方位审核，做到理性消费。

（3）采取积极的维权方式。用户在收到商品，尤其是贵重商品后，应该及时查验商品并用恰当的方式保留拆封包装。若发现商品有质量问题，可及时与商家进行协商，同时申请平台介入处理；未协商一致的，可以结合自身具体情况，选择适当的法律法规作为维权依据。

2. 主播风险防范措施

直播的实时性是直播营销的最大风险来源之一。尽管在直播过程中，主播无法预测将面临的所有风险，但直播中出现的部分问题是可以通过事前准备来有效防范的。主播风险防范措施如图1-12所示。

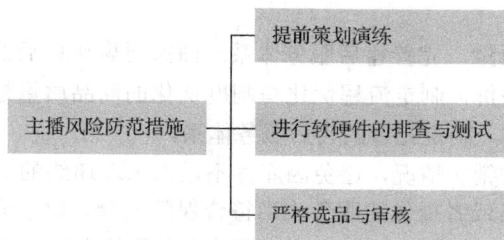

图1-12　主播风险防范措施

（1）提前策划演练。在直播前需要进行活动筹划和准备，并对直播各环节的设置进行反复推演和模拟，防止直播时出现一些低级错误，如商品名称、品牌方、价格等错误。

（2）进行软硬件的排查与测试。为了达到最佳直播营销效果，主播团队需要在直播前对所有相关软硬件进行反复排查与测试。一方面，主播团队需要熟悉直播软硬件的使用与配合；另一方面，主播团队需要对网站、服务器进行反复测试，避免流量太大导致服务器瘫痪的情况发生。

（3）严格选品与审核。直播行业已从注重"流量"转向注重"留量"，围绕"留量"和"商业变现效率"的竞争也已经开始。即使主播再有号召力，用户最终关心的还是商品质量，只有真正高性价比的商品才能提高变现效率。主播团队必须具备足够强的商品鉴别能力，在选品时严把商品品质关，了解商品的生产方式和供应链，参与测试并向用户真实反馈。

3. 直播平台风险防范措施

对直播平台而言，为了更好地强化风险管理，其应履行法律法规规定的相关平台义务。直播平台风险防范措施如下。

（1）打击品牌方与主播的虚假广告，加强对主播的监管，完善广告审核规则，对一些违法广告或推广信息要及时处理。

（2）严控品牌方资质审查，提高平台入驻门槛，加强对主播的培训与素质管理，培养专业主播；同时引入信用评价体系，进行监控管理。

（3）提高技术水平和支付工具安全性，与人工智能技术深度融合，借助高技术水平实现高转化率。平台可以利用语音技术实现主播在讲解商品的过程中商品的购物链接及时出现，增强用户体验，提高消费转化率。

（4）强化交易安全管理，严厉打击各类诱导交易、虚假交易、规避安全监管的交易行为。

（5）构建企业和用户的意见沟通渠道，完善纠纷解决办法与机制，及时回应并妥善处理用户的相关诉求。

4．商家风险防范措施

商家等参与者在以直播形式向用户销售商品或提供服务的营销活动中需要做到以下几点。

（1）保证商品质量，完善售后服务体系。商家要聚焦售后商品的质量追踪、退换货、商品满意度评价，制定流程优化与制度优化的商品质量控制措施，甄别用户可能产生的售后问题，制定完善的售后服务体系。

（2）关注直播的销售情况，避免因库存不足而出现违约的情况。

（3）销售的商品或者提供的服务应当符合保障人身、财产安全的要求和环境保护要求，不得销售或者提供法律、行政法规禁止交易的商品或者服务。

（4）全面、真实、准确、及时地披露商品或者服务信息，保障用户的知情权和选择权，不得以虚构交易、编造用户评价等方式进行虚假或者引人误解的商业宣传，欺骗、误导用户。

✍ 素养提升

依法纳税是每个公民应尽的义务，主播应该自觉缴纳税款。网络直播行业不是法外之地，不只是头部主播，每个取得收入、符合纳税标准的主播都应自觉依法纳税。主播依托直播平台，运用网络的交互性与传播力，对企业商品进行营销推广，往往会收获很多粉丝，具有一定的公众影响力，其一言一行已不只代表个人，也影响着其粉丝。主播在享受直播"带货"带来的红利的同时，应自觉承担起相应的社会责任，依法履行纳税义务。

1.3.2　直播营销的发展趋势

随着技术的创新，直播行业迎来新的发展机遇，如今，直播营销已经成为一种成熟且流行的营销形式。直播营销未来的发展趋势有哪些呢？

1．监管日益严格，行业越来越规范

随着直播营销的爆发式增长，直播营销行业的问题也逐渐呈现出来，如虚假宣传、商品质量无法保证等，这些都直接影响广大用户对直播营销的认知，也影响直播营销行业的发展。

为了顺应市场的发展趋势、规范直播营销从业者的经营行为、满足用户对保证商品质量的需求，未来的直播营销将会越来越规范化，国家对直播营销行业的监管也会越来越严格。直播平台需要加强对直播内容的监管，避免不文明、不健康的直播内容出现，营造良好健康的直播氛围，推动直播行业良性发展。

2．VR技术加持，优化用户在线场景体验

VR（Virtual Reality）直播是虚拟现实与直播的结合，与传统直播相比，VR直播最大的特点是让用户有身临其境的感觉，获得实时全方位的直播体验。

VR直播被认为是直播领域的发展趋势。从直播营销的角度看，融入了VR技术的直播营销，能为用户提供更好的场景化体验。例如，将VR直播应用于职业教育直播，可以让学习者更加真实地感受课堂气氛，更好地融入教学；将VR直播应用于服饰品类的电商直播，可以实现360°的商品全景展示，让用户真正实现在家逛街。

3．直播营销竞争回归商业本质

直播营销将回归商业本质，用户进入直播间购物也会更加理性，会更关注自己的需求、商品的质量、主播和推荐商品的契合度等方面的因素；而直播从业者之间的竞争，也将回归到专业度、团队信誉、个人品牌，以及商品质量和口碑等核心要素的竞争。

4．更加注重精细化与专业化运营

未来"直播+"趋势将进一步发展，直播行业将更加注重精细化与专业化运营，内容垂直化会更加明显。直播内容与形式也将呈现多样化发展，满足用户的多元化需求，商业模式继续创新，在线直播的商业价值将进一步被开发。

直播平台应通过商品与形式的创新，立足自身的差异化特点，避免陷入内容同质化，并通过加强主播生态的构建等举措，强化平台优势，在激烈的竞争中赢取用户。

1.4　直播营销的行业解析

直播营销团队需要从直播营销的主要形式、直播营销的产业链、直播营销的合作方式与收益分配方式三个方面了解直播营销行业。

1.4.1　直播营销的主要形式

直播营销团队需要根据实际情况选择适合自己的直播营销形式，直播营销的主要形式如表1-1所示。

表1-1　直播营销的主要形式

直播营销形式	直播间形式	直播内容	商品来源
推销式直播	自己搭建的室内直播间	主播讲解并展示商品，通过一些促销方式引导用户做出购买决策	合作品牌的商品
产地式直播	商品的原产地或生产车间	展示商品真实的生产环境、生产过程，通过展示真实感引导用户做出购买决策	合作地区的农产品、合作品牌的商品
实体门店式直播	实体门店	在线下实体门店里进行直播，在销售商品的同时还能为线下实体门店导流	实体门店的商品
基地式直播	直播基地提供的直播间	主播讲解并展示商品，通过丰富的品类及有吸引力的价格策略，引导用户做出购买决策	基地提供的商品（通常是经过供应链运营方筛选的）
体验式直播	商家或达人主播选择合适的场地搭建的直播间	在直播间，主播现场对商品进行加工、制作，向用户展示商品经过加工后的真实状态或商品的使用过程，唤起用户的体验兴趣，吸引用户做出购买决策	自制商品，或者合作品牌提供的商品，主要类别是食品、小型家电等
砍价式直播	自己搭建的室内直播间或合作品牌提供的直播间	主播先向用户分析商品的优缺点，并告诉用户商品的价格区间，待确定用户有一定的购买意愿后，主播再向合作品牌砍价，为用户争取更优惠的价格	多为合作品牌的商品
海淘现场直播	国外的商场、免税店	主播以实时互动的形式，将境外商品和真实的购物场景更直观全面地呈现在用户面前	多为国外商品
知识类直播	自己搭建的室内直播间	主播以授课的方式在直播中分享一些有价值的知识或技巧，在获得用户的信任后，再推荐合作品牌的商品或与所分享知识相关的在线服务	多为合作品牌的商品，或者与所分享知识相关的在线服务
才艺式直播	自己搭建的室内直播间	主播通过直播表演舞蹈、脱口秀等才艺，并在表演才艺的过程中使用要推广的商品，如与才艺表演相关的服装、鞋、乐器等	多为合作品牌的商品
测评式直播	自己搭建的室内直播间	主播拆箱使用后客观地描述商品的特点和使用体验，让用户真实、全面地了解商品的功能、性能等，从而让用户产生购买意愿和做出购买决策	多为合作品牌的商品，品类多为数码商品
访谈式直播	自己搭建的室内直播间	围绕跟商品相关的某个主题，主播与嘉宾通过互动交谈的方式阐述自己的观点和看法，向用户介绍商品的独特功能和使用方法，吸引用户做出购买决策	多为合作品牌的商品

1.4.2　直播营销的产业链

直播营销有一个由参与者构成的完整产业链，这些参与者包括商家、MCN机构、直播平台、用户和主播，如图1-13所示。只有了解整个直播营销产业链，才能更好地开展直播营销。

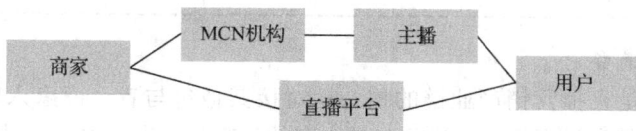

图1-13　直播营销产业链

1. 商家

在直播营销产业链中，商家作为供应方位于上游。商家入驻直播平台提供货源，基于平台的大流量，通过与MCN机构、主播的合作，确定直播内容方案，进行内容输出，最终引导用户在直播平台实现转化。商家可以借助直播营销提高渠道效率和销售转化效率，建设品牌形象，经营与用户的关系。

对商家来说，通过直播可以提高品牌影响力，为线上店铺引流。商家的直播策略有以下两种。

（1）品牌推广。通过大数据精准筛选直播人群、匹配主播，集中"带货"一两款具有爆火潜力的单品，快速形成好的市场口碑，再切入电商矩阵和传播矩阵以撬动更大的市场。

（2）去库存。通过多场直播，以较低价格快速促销一些长期积压的库存。商家如果能够将过去的分级经销商转化为主播队伍，再结合社交电商，加上主播本身就可以压货和垫付资金，那么可进一步加速去库存。

2. MCN机构

专业的MCN机构的工作包括"网红"的筛选和孵化、内容的开发、内容平台技术性支持、持续的创意输出、用户管理、平台资源对接、活动运营、商业变现等。MCN机构对内容进行整合，在资本的支持下，使内容可以持续地输出，以便能够更好地达到商业稳定变现的目的。

在直播营销产业链中，MCN机构在确定商家及自身需求后，对已有资源进行分配，并将任务发放至签约主播，之后再通过自身流量渠道进行推广，从商家提供的服务费、平台提供的销售分成以及用户的相关消费中获得收入。

MCN机构为商家匹配符合其需求的主播并提供渠道资源支持，为主播选题、组织内容生产、拍摄、剪辑等阶段提供专业、高效的支持，为直播平台提供丰富的优质内容以构建完善的内容生态。

知识窗

事实上，很多大主播都是由专业的 MCN 机构精心包装出来的。就 MCN 机构而言，其拥有更多的广告、电商资源及较强的议价能力，可以为主播带来更好的商机和选择，也可以加强主播与自己的合作意愿。

3. 直播平台

直播平台是直播营销产业链的核心，对接其他参与者。商家入驻直播平台，MCN机构和主播通过直播平台进行直播内容的生产和输出，主播通过直播平台向用户推荐商品，用户通过直播平台观看直播、关注主播、进行消费。

4. 用户

在直播营销产业链中，用户作为需求方位于下游。用户会受主播影响在直播平台进行消费，主播可以经营与用户之间的关系。

用户之所以被吸引，通常是因为直播带来的沉浸式交互体验。在直播平台上，用户可以观看直播内容，看到自己喜欢的主播，就可以通过打赏虚拟商品的方式来表达自己对该主播的喜爱及支持。此外，用户还可在直播平台上下单购物等。

在直播过程中，用户下单受很多因素影响。例如，商品价格是否有优势、是否让人有购买欲等。

5. 主播

在直播营销产业链中，主播基于直播平台面向用户进行直播，在直播过程中推荐、销售商品，可以通过MCN机构对接商家或直接对接商家获得服务费和平台的销售分成。

主播是传统商业导购人员的升级版，是帮助商家开展营销推广活动的重要角色。在广度上，主播凭借其专业的知识、强大的导购能力提高其在用户中的影响力，能帮助商家扩大客群覆盖范围。在精度上，主播凭借独特的个性特征与个人魅力，一般都拥有一群忠实粉丝。

主播在直播营销的过程中可以借助大数据分析等方式明确自己的目标群体及其特征，从而确定自己的直播风格。主播应从主要目标群体出发，了解他们对商品的需求、关注点，揣摩他们的消费心理，从选品到定价销售的各个方面优先考虑契合该群体的需求。

1.4.3 直播营销的合作方式与收益分配方式

一般情况下，直播营销的合作，主要是指商家和主播的合作。接下来，本章将介绍直播营销的合作方式和收益分配方式。

1. 合作方式

商家与主播直播营销的合作方式主要分为专场包场和整合拼场，如图1-14所示。

（1）专场包场，即商家包场，整场直播所推荐的商品都是由一家商家提供的，可以是同品牌商品，也可以是一家商家旗下多个品牌的商品。对于商家来说，这种方式的合作费用比较高，但产生的营销效果比较好。

图1-14　直播营销的合作方式

（2）整合拼场，即主播在同一场直播中推荐多家商家的商品。对于其中一家商家来说，这种模式的合作费用较低，但营销效果不容易确定，商家需要考察主播的能力及主播与商品的契合度。

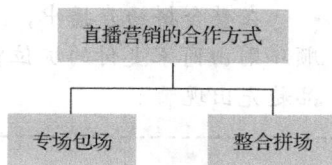

2. 收益分配方式

在商家和主播的合作中，直播营销的收益分配方式主要有纯佣金和佣金+坑位费两种方式，如图1-15所示。

（1）纯佣金方式。纯佣金方式是指商家根据直播间商品的最终销售额，按照事先约定的分成比例向主播支付佣金。例如，假设事先约定的佣金比例为8%，主播在直播中卖出了500万元的商

图1-15　直播营销的收益分配方式

品，那么，主播就可以获得40万元的佣金。在直播行业中，主播的佣金比例往往由主播等级和主播过去的销售成绩决定。对于中小主播而言，选择纯佣金方式是他们的常态，纯佣金方式也是对企业较为友好的合作方式。

（2）佣金+坑位费方式。佣金+坑位费方式，是指商家先向主播支付固定的坑位费，在直播结束后，再根据直播间商品的最终销售额按照约定的佣金比例向主播支付相应的佣金。这种收益分配方式主要存在于整合拼场直播中。

对于一些头部主播，因为有很多商家想要与之合作，主播就可以设定坑位费作为筛选门槛。这样，商家要想商品出现在这些主播的直播间里，就需要先支付一定的坑位费。需要说明的是，商家支付坑位费，主播只能保证供应商的商品出现在直播间，并不能保证商品的销售量。在实际的合作中，坑位费会根据主播等级的不同和商品在直播间出现顺序的不同而有所差异。

一般来说，头部主播的坑位费较高，这是因为头部主播的人气较高、曝光量较高，在一定程度上能够保证商品的销售量。而且在头部主播的直播间，即使用户没有在直播间里购买某品牌的商品，但由于主播的高人气、高曝光量和高话题度，也能为供应商的品牌打响知名度，提升品牌的影响力。

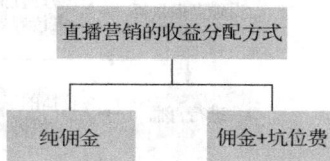

小提示

在整合拼场直播中，主播会在同一场直播中推荐多个商家的商品，推荐顺序则由商家支付的坑位费决定。通常情况下，商家支付的坑位费越高，商品越先出现。

1.5 直播营销活动的基本流程

直播营销活动的基本流程

在开展直播营销活动之前，直播营销团队需要对活动的整体流程进行规划和设计，以保障活动能够顺利进行，确保直播的有效性。直播营销活动的基本流程如图1-16所示。

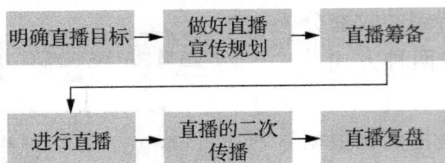

明确直播目标 → 做好直播宣传规划 → 直播筹备

进行直播 → 直播的二次传播 → 直播复盘

图1-16　直播营销活动的基本流程

课堂讨论

说一说你了解的直播营销活动的基本流程有哪些。

1.5.1 明确直播目标

做任何事情都需要有目标，开展直播也不例外。在开展直播之前，必须明确直播目标是什么，是做品牌宣传、活动造势，还是销售商品。确定直播目标要从企业实际出发，目标不要大而空，并且要具有确定性和可实现性，从而能让直播营销团队成员为共同的目标一起努力。

在明确直播目标时，企业需要遵守SMART原则，尽量让目标科学化、明确化、规范化。SMART原则的具体内容如图1-17所示。

1. 具体性

具体性（Specific）是指要清楚具体地说明直播要达到的标准。直播目标要用特定的指标来体现，不能笼统、不清晰。例如，"借助此次直播提高品牌影响力"就不是一个具体的目标，而"借助此次直播增加品牌官方微博账号粉丝数量"就是一个具体的目标。

2. 可衡量性

可衡量性（Measurable）是指直播目标要是数

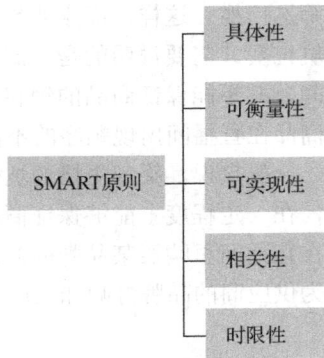

SMART原则 — 具体性 / 可衡量性 / 可实现性 / 相关性 / 时限性

图1-17　SMART原则

量化的或行为化的，应该有一组明确的数据作为衡量目标是否达成的标准。例如，"利用此次直播提高店铺的日销售额"就不是一个可衡量的目标，而"利用此次直播让店铺的日销售额达到100万元"就是一个可衡量的目标。

3．可实现性

可实现性（Attainable）是指目标要客观，付出努力后可以实现。例如，企业开展的上一场直播吸引了10万人观看，于是企业将此次直播的观看人数目标设定为200万人，显然这个目标有些不切实际；若企业将观看人数目标设定为12万人或15万人则有可能实现。

4．相关性

相关性（Relevant）是指直播目标要与企业设定的其他营销目标相关。例如，企业在电商平台运营网店，将某次直播的目标设定为"网店24小时内的订单转化率提升80%"，这个目标是符合相关性要求的；而如果企业将某次直播目标设定为"将商品的生产合格率由91%提升至96%"，则这个目标是不符合相关性要求的，因为直播无法帮助商品生产方提升生产合格率。

5．时限性

时限性（Time-bound）是指直播目标的达成要有时间限制，这样的目标才有督促作用。例如，"借助直播让新品销量突破10万件"这个目标是缺乏时限性的，而"直播结束后24小时内新品销量突破10万件"这个目标则是符合时限性要求的。

1.5.2 做好直播宣传规划

为了收到良好的直播效果，在直播开始之前，企业应该根据自身擅长的方向和领域以及所拥有的资源，来制定切实可行的直播宣传规划。与泛娱乐类直播不同，带有营销性质的直播追求的并不是简单的"在线观看人数"，而是"在线目标用户观看人数"。具体来说，直播营销团队设计直播宣传规划时，可以从以下3个方面入手，如图1-18所示。

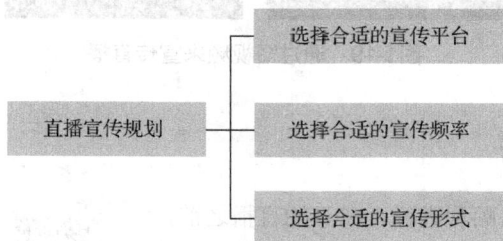

图1-18 直播宣传规划

1．选择合适的宣传平台

不同的用户喜欢在不同的平台上浏览信息，直播营销团队需要分析目标用户群体的上网行为习惯，选择在目标用户群体经常出现或活跃的平台发布直播宣传信息，尽可能多地为直播吸引目标用户。

2. 选择合适的宣传频率

在新媒体时代，用户在浏览信息时自主选择的余地较大，可以根据自己的喜好来选择自己需要的信息。因此，如果直播营销团队过于频繁地向用户发送直播宣传信息，很可能会引起用户的反感，导致用户屏蔽相关信息。为了避免出现这种情况，直播营销团队可以在用户能够承受的最高宣传频率的基础上设计多轮宣传。

3. 选择合适的宣传形式

选择合适的宣传形式是指直播营销团队要选择符合宣传平台特性的信息展现方式来推送宣传信息。例如，在微博平台上，直播营销团队可以采用"文字+图片"的形式或"文字+短视频"的形式来宣传直播；在微信群、微信朋友圈、微信公众号中，直播营销团队可以通过九宫格图、创意信息长图来宣传直播；在抖音、快手等平台上，直播营销团队可以通过短视频来宣传直播，如图1-19所示。

图1-19　通过短视频来宣传直播

1.5.3　直播筹备

为了确保直播的顺利进行，在开始直播之前，直播营销团队需要做好各项筹备工作。筹备一场成功的直播并不比做一场线下活动简单，具体包括选择直播场地、调试直播设备、准备直播物料，以及主播自身准备等，如图1-20所示。

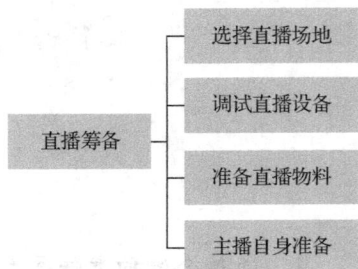

图1-20　直播筹备

1．选择直播场地

直播场地分为室外场地和室内场地。常见的室外场地有公园、广场、景区、游乐场、商品生产基地等，常见的室内场地有店铺、办公室、咖啡馆等。直播营销团队要根据直播的需要选择合适的直播场地，选定场地后要对场地进行适当的布置，为直播创造良好的环境。

2．调试直播设备

在筹备阶段，直播营销团队要将直播需使用的手机、摄像头、灯光设备、网络等调试好，防止设备发生故障，影响直播的顺利进行。

3．准备直播物料

直播之前，直播营销团队应该根据实际需要准备直播物料。直播物料包括商品样品、直播中需要用到的素材及辅助工具等。

4．主播自身准备

在开播前，主播需要熟悉直播流程和商品的详细信息，这样才能在直播中为用户详细地讲解商品、回答用户提出的各种问题。此外，主播还要调整好自身的状态，以积极的态度和饱满的热情来迎接直播间的用户。

1.5.4 进行直播

做好直播前的一系列筹备工作后，接下来就是正式进行直播了。成功进行一场直播需要强有力的直播营销团队。直播可以进一步拆解为直播开场、直播过程和直播收尾三个环节，各个环节的操作要点如表1-2所示。

表1-2 直播各环节的操作要点

环节	操作要点
直播开场	通过开场互动让用户了解本场直播的主题、内容等，从而让用户对本场直播产生兴趣，并留在直播间
直播过程	借助营销话术、发红包、发优惠券、才艺表演等方式，进一步激发用户对本场直播的兴趣，让用户长时间停留并购买商品
直播收尾	向用户表示感谢，预告下场直播的内容，并引导用户关注直播间，将普通用户转化为忠实用户；引导用户在其他平台上分享本场直播或本场直播中推荐的商品

1.5.5 直播的二次传播

直播结束并不意味着整个直播营销活动结束。在直播结束后，直播营销团队可以对直播录屏进行加工，并在抖音、快手、微信、微博等平台上进行二次传播。直播的二次传播可以获得良好的传播效果，使更多没有及时观看直播的人了解活动，也可以借此机会扩大直播的影响力。为了保证直播的二次传播的有效性和目的性，直播营销团队可以按照以下三个步骤来制订直播的二次传播计划，如图1-21所示。

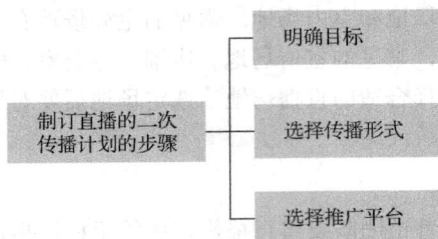

图1-21　制订直播的二次传播计划的步骤

1．明确目标

制订直播的二次传播计划，首先应明确计划要实现的目标，如提高品牌知名度、提高品牌美誉度、提高商品销量等。需要注意的是，直播的二次传播计划要实现的目标并不是孤立的，而应当与企业制订的整体直播营销目标相匹配。

2．选择传播形式

明确目标以后，直播营销团队要选择合适的传播形式进行直播的二次传播。常见的传播形式有视频传播、软文传播两种。直播营销团队可以选择一种传播形式，也可以将两种传播形式组合使用。

3．选择推广平台

确定了传播形式以后，直播营销团队要确定将制作好的信息发布到什么平台上。如果是视频形式的信息，可以选择发布到抖音、快手、视频号、爱奇艺、微博等平台上；如果是软文形式的信息，可以选择发布到微信公众号、小程序、知乎、百家号等平台上。选择合适的推广平台很重要，制定合理的推广周期也十分重要。

1.5.6　直播复盘

直播复盘就是直播营销团队在直播结束后对直播进行回顾，评判直播效果，总结直播经验教训，为后续的直播提供参考。

做完直播之后，直播营销团队要对直播进行全面而及时的复盘。通过直播营销数据和用户反馈，直播营销团队可对直播进行准确、客观的总结，并形成直播效果评估结果和改进方案，为下一次直播提供数据和案例参考。直播复盘包括直播数据分析和直播经验总结两个部分。直播数据分析主要是利用直播中形成的客观数据对直播进行复盘，体现的是直播的客观效果。例如，分析直播间累积观看人数、累积订单量和成交额、人均观看时长等数据。直播经验总结主要是从主观层面对直播过程进行分析与总结，分析的内容包括直播流程设计、团队协作效率、主播现场表现等。直播营销团队通过自我总结、团队讨论等方式对无法通过客观数据表现的内容进行分析，并将其整理成经验手册，可为后续开展直播提供有效的参考。

本章自测题

一、填空题

1. _____是指企业或个人以直播平台为载体进行营销，以达到提升影响力和提高商品销量目的的一种营销活动。

2. 直播营销是"_____""_____""_____"三要素的结合。

3. 选择合适的主播很重要，个人商家或企业商家可以从三个方面来考虑：_____、_____、_____。

4. 目前直播平台主要分为四类，即_____、_____、_____、_____。

5. 直播营销有一个由参与者构成的完整产业链，这些参与者是_____、_____、_____、_____、_____。

二、选择题

1. （　　）是直播营销的第一要素。

A．人　　　　　　B．货　　　　　　C．场　　　　　　D．直播平台

2. （　　）是指具备直播功能的电商平台，如淘宝、京东、拼多多等。

A．综合类直播平台　　　　　　B．电商类直播平台

C．短视频类直播平台　　　　　　D．私域流量直播平台

3. 在直播营销产业链中，（　　）作为供应方位于上游。

A．MCN机构　　　　　　B．直播平台

C．商家　　　　　　D．主播

4. （　　）是指要清楚具体地说明直播要达成的标准。直播的目标要用特定的指标来体现，不能笼统、不清晰。

A．可实现性　　　　　　B．可衡量性

C．相关性　　　　　　D．具体性

5. （　　）是指直播营销团队要选择符合宣传平台特性的信息展现方式来推送宣传信息。

A．选择合适的宣传形式　　　　　　B．选择合适的宣传平台

C．选择合适的宣传频率　　　　　　D．选择直播场地

三、简答题

1. 什么是直播？什么是直播营销？

2. 直播营销的场要素有哪些？

3. 直播营销的价值有哪些？

4. 直播营销中主播风险防范措施有哪些？

5. 直播营销的主要形式有哪些？

任务实训——熟悉直播平台

为了更好地理解直播营销的概念并掌握相关的基础知识，下面通过一系列的实训进行练习。

一、实训目标

1．理解直播营销。

2．掌握各个直播平台的差异。

二、实训内容

分别在快手、抖音、淘宝、视频号观看一场电商直播，完成以下内容。

1．结合直播营销基础知识对你所观看的直播进行点评。

2．结合你所观看的直播，对比各个直播平台的差异。

3．谈谈你觉得企业应如何选择直播平台。

三、实训要求

1．从实时性、真实性、直观性、互动性和精准性这5个方面对直播进行点评。

2．通过表格对比各个直播平台的差异。

第2章

直播营销团队的组建

随着直播营销的流行，大批传统电商企业，乃至传统企业纷纷转战直播，但是直播营销人才短缺是绝大多数企业进入直播营销领域的"拦路虎"。本章主要讲述不同直播营销团队组织架构、直播营销团队岗位职责与职业能力要求、直播营销团队的人员配置、主播打造、商家选择主播的策略、主播助理打造等内容。

【教学目标】

知识目标	☑ 熟悉主播打造 ☑ 熟悉商家选择主播的策略 ☑ 熟悉主播助理打造
技能目标	☑ 掌握不同直播营销团队组织架构 ☑ 掌握直播营销团队岗位职责与职业能力要求 ☑ 掌握直播营销团队的人员配置
素养目标	☑ 培养直播营销团队岗位职业能力和合作精神 ☑ 遵守直播间运营者和直播营销人员行为规范

【引导案例】

直播带岗打造"互联网+就业"新模式

直播"带货"您一定知道，那您听说过直播带岗吗？最近，直播带岗这种新的数字化招聘方式兴起，迅速成为一个重要的招聘渠道。从招聘蓝领群体到招聘高层次人才，众多招聘活动正在加速往线上转移。直播带岗也成为各地政府促就业的新机制。

直播带岗就是主播邀请企业进入直播间，针对求职者关心的岗位需求、薪资待遇、发展前景等问题，现场作答，全方位、立体式展示企业特色和招聘岗位，让求职者足不出户，即可找工作。直播带岗避免了人才求职过程中的盲听，让人才能身临其境地走入企业，与企业完成互选。直播带岗能多角度展现企业，是企业的一种宣传方式，能增强企业对人才的吸引力。

直播带岗在思路创新中，带来了招聘方式的转型升级。一直以来，线下招聘成了一种固定模式，不仅导致求职者东奔西走，把时间浪费在路上，更造成其经济支出的巨大压力。直播带岗以搭建"云通道"的方式，有效破解"招工难"和"就业难"的困境。促就业、稳就业，关键在人才与企业之间的信息对称、供需匹配。直播带岗通过搭建线上招聘平台，让人才根据自身的情况、求职需求，进行更精准的筛选，找到更适合的岗位，有针对性地选择心仪的企业；企业也能根据自身发展需要，有针对性地进行人才筛选，通过远程面试的方式，让供需更精准地对接，提高市场资源的配置效率。

就目前的直播带岗类型来看，一类是依托快手、抖音等短视频平台的大流量直播间，其目标受众为蓝领群体。另一类就是由地方政府人力社保部门搭建直播平台，联动各家企业进行的直播带岗，免费帮企业进行推介，例如长兴人社局在浙江省率先搭建的"才来长兴"直播带岗直播间。

思考与讨论

（1）为什么会出现直播带岗现象？

（2）怎样做好直播带岗？

2.1 不同直播营销团队组织架构

不同直播营销团队组织架构

要做好直播营销，建立一个高效的直播营销团队是非常必要的。直播营销团队组织架构、人员配置等因业务需求不同而有所不同，常见的直播营销团队组织架构包括个人直播营销团队组织架构、商家直播营销团队组织架构、直播营销部门组织架构、直播营销公司组织架构等。

✎ **课堂讨论**
有哪些常见的直播营销团队组织架构？

2.1.1 个人直播营销团队组织架构

个人直播营销团队组织架构比较简单，如图2-1所示，包括策划团队、主播团队和运营团队。

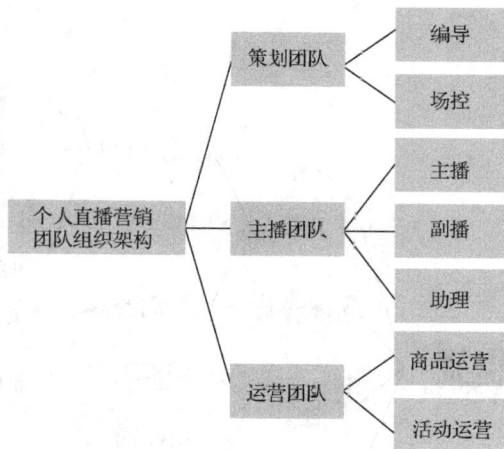

图2-1 个人直播营销团队组织架构

1. 策划团队

策划团队的主要工作内容包含确定直播主题、策划直播、规划脚本和直播中的福利等。团队成员要根据直播主题确定商品、开播时间、直播持续时长，还要针对不同的粉丝群体属性制定不同的福利方案。策划团队包括编导和场控。

2. 主播团队

主播团队是直播的最终执行者，其工作内容是展示商品，与用户互动。除了直播以外，主播团队还要做复盘、信息反馈，以优化和提升直播效果。主播团队一般包括主播、副播和助理。

3. 运营团队

运营团队一般包括商品运营和活动运营，主要负责直播的正常运营。

2.1.2 商家直播营销团队组织架构

线下渠道经营越来越难，商家如果不做直播营销，很有可能被趋势淘汰。许多商家纷纷自建直播营销团队，孵化专职主播，省去了很大的成本（主播坑位费、佣金以及 MCN 机构中介费）。相比合作主播，商家主播会更了解商家的商品，根据商品特点做直播。图2-2所示为商家直播营销团队组织架构，包括主播、直播间客服、运营和直播主管等。

1. 主播

主播是直播的直接执行人，是直播营销中的核心。商家既可以自建主播团队，也可以根据自己的需要选择合作主播。

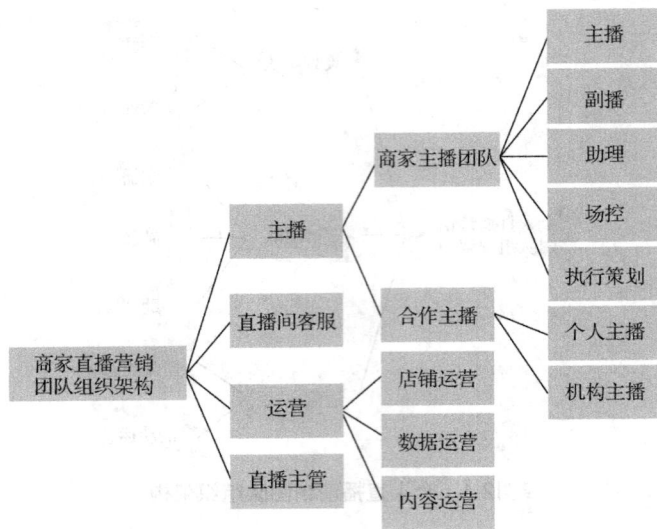

图2-2　商家直播营销团队组织架构

（1）商家主播团队包括主播、副播、助理、场控和执行策划。在选择主播时商家要寻找与品牌特点相匹配的主播，其形象、气质要与品牌形象相契合，并且熟悉商品特性、利益点。由于主播是商家的员工，与商家是雇佣关系，所以在成本上要远比商家请合作主播低，在管理上也更为灵活和有效。

（2）合作主播包括个人主播和机构主播。

① 个人主播：负责一些活动型直播、品牌塑造型直播等。

② 机构主播：机构主播与个人主播的作用差不多，但是商家可以通过机构推荐选择比较成熟和与品牌特点匹配的主播；机构的头部主播流量大、转化率也高，当然对商家来说成本也会更高。

2. 直播间客服

直播间客服主要负责耐心、准确地答复用户提出的各类问题，在直播间里配合主播直播，以及处理商品发货售后问题等。

3. 运营

运营主要负责直播的方案策划和执行工作，如直播数据检测、分析优化方案及其他与直播相关的运营工作等。运营包括店铺运营、数据运营和内容运营。

4. 直播主管

直播主管主要负责主播的日常管理、招聘、培训等。

2.1.3　直播营销部门组织架构

企业成立直播营销部门，目的是通过直播来促进企业的品牌营销或商品销售。企业需要根据直播营销的流程搭建直播营销部门。目前常见的直播营销流程如下。

（1）直播前：运营团队做好直播账号定位、账号的前期维护、粉丝运营、直播预告；选品团队选择合适的商品进货渠道、制定选品策略及给商品定价；主播团队尽可能熟悉直播中所要销售的商品、策划及撰写直播脚本、设计直播话术等。

（2）直播中：拍摄团队布置直播间、负责直播内容拍摄；主播团队进行现场直播，负责直播间的用户关注引导、发布促销活动、介绍商品、展示商品，提升直播间用户活跃度和营造互动氛围。

（3）直播后：拍摄团队负责保管拍摄设备，运营团队负责统计直播销售数据并开展数据分析；选品团队的客服对接直播商品售后服务，处理各种售前、售后问题等。

基于以上的直播营销流程，直播营销部门组织架构如图2-3所示。

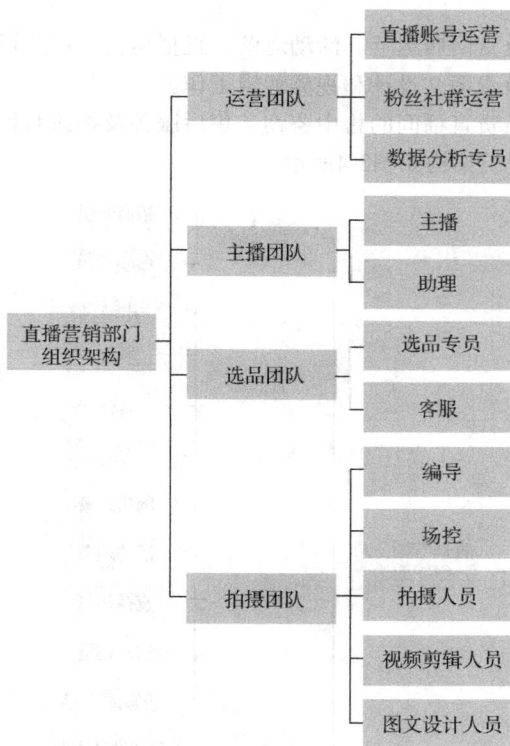

图2-3　直播营销部门组织架构

🎓 小提示

在预算有限的情况下，在搭建直播营销部门的前期，除了主播团队之外，拍摄团队、运营团队及选品团队可以先借用其他部门的相关人员。等熟悉直播营销的商业模式，获得稳定的成长之后，直播营销部门再按需招募更多专业人员。

2.1.4 直播营销公司组织架构

直播营销公司与直播营销部门的运营目标不同。企业直播营销部门的价值是帮助企业销售商品，直播时商品的销售量越高越好。而一个独立的直播营销公司，其价值在于获得合作企业的认可，从而吸引更多的企业与其开展合作。

直播营销公司如果没有很好的组织架构是较难做下去的，一个专注于直播营销的公司需要设置以下职能部门。

（1）选品部：包括招商专员和选品专员，负责商务合作及商品的选择，并制定合适的价格策略。

（2）直播部：包括主播、助理、编导及摄像。该部门可能拥有不止一名主播，且配有助理。

（3）运营部：负责网店运营、活动运营、直播运营、用户运营、新媒体运营。

（4）设计部：负责图文设计和视频剪辑工作。

（5）客服部：负责直播间的售中咨询、售后服务及物流对接工作。

直播营销公司组织架构如图2-4所示。

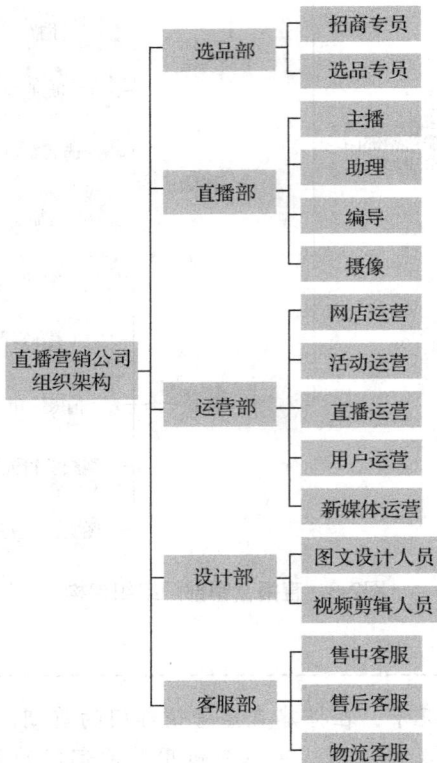

图2-4 直播营销公司组织架构

2.2　直播营销团队岗位职责与职业能力要求

　　通常来说，一个成熟的直播营销团队里有六大岗位：主播、副播、运营、策划、场控、客服，如图2-5所示。下面对这些岗位进行详细介绍。

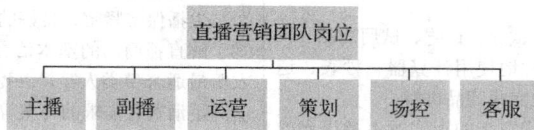

图2-5　直播营销团队岗位

2.2.1　主播岗位

　　主播通过对商品进行立体化的描述与展示，构建商品与消费者、商家与消费者之间的桥梁。主播是整场直播的灵魂，其在直播中的表现在很大程度上决定了直播能否吸引消费者的注意力。主播要有强大的个人魅力和控场能力，要能把握直播的节奏。除此之外，主播还要能吃苦、体力好，因为其需要在镜头前面连续直播几个小时。主播的岗位职责和职业能力要求如表2-1所示。

表2-1　主播的岗位职责和职业能力要求

岗位职责	职业能力要求
①协助团队成员选品 ②了解品牌和商品信息 ③确认直播场地 ④确认直播中互动的时间和方式 ⑤详细讲解商品，试穿、试用商品 ⑥介绍直播间优惠活动，为消费者发放福利 ⑦与消费者进行互动，活跃直播间氛围 ⑧回答消费者提出的问题 ⑨引导观看直播的消费者关注和分享直播间	①能够打造具有差异性的形象、风格，提高辨识度 ②着装要以简洁、自然大方为原则 ③能够根据自身特点、消费者特点选择合适的直播商品 ④具备良好的语言表达能力，讲解商品时发音要准确，语速要得当，要具有感染力 ⑤能使用逻辑性强、具有技巧性的语言，激发消费者购买商品的欲望 ⑥能灵活应对直播中遇到的突发状况，确保直播效果 ⑦要有强大的心理承受能力，在面对消费者负面、消极的声音时能够理智、冷静地应对

2.2.2　副播岗位

　　副播是主播的助手，分担着主播的压力，其核心任务就是辅助主播进行直播，帮助主播更好地完成各项直播任务。直播过程中副播要跟主播临场配合，不要抢词，要了解商品，并跟消费者互动，及时回复消费者。副播的工作较为烦琐、复杂。开播前副播就需要开始忙碌，一直到直播结束。副播的岗位职责和职业能力要求如表2-2所示。

表2-2　副播的岗位职责和职业能力要求

岗位职责	职业能力要求
①确认直播设备、直播商品、辅助道具等物品全部到场 ②活跃直播间气氛，帮助主播掌控直播节奏，如提醒主播直播时间 ③充当主播的模特儿，试穿、试吃、试用商品 ④根据活动策划，适时地使用计算器、秒表、道具板等辅助主播顺利地完成商品讲解 ⑤在场外通过画外音或文字的形式对主播提到的商品或优惠信息做出补充 ⑥向消费者讲解领取优惠券的方式 ⑦认真回答直播间消费者提出的问题，时刻提示消费者关注直播间 ⑧主播离席时及时补位，维持直播间的热度 ⑨直播中出现声音、画面不正常时，及时通知相关人员检查维护等	①善于运用微信、微博、抖音等各类新媒体平台帮助主播进行宣传，扩大主播的影响力 ②与主播保持紧密、良好的沟通 ③了解直播商品的基本信息和卖点，例如，某款衣服最适合哪类人穿，并挖掘消费者的痛点，提供满足消费者需求的方案等 ④了解直播平台的推荐机制和直播间的运营技巧，懂得如何尽可能多地获取自然流量，深度掌握直播的技巧和需要注意的事项，从而获得更优质的商业流量 ⑤能管理好粉丝群，与粉丝保持较好的关系，可独立主持直播节目，活跃直播间人气

2.2.3　运营岗位

运营是直播营销中的综合岗位，主要负责直播营销的整体规划和统筹。运营首先需要规划直播的内容，确定直播的主题，策划直播流程；其次需要进行团队协调与沟通，其中包含外部协调，如拍摄封面图、设计制图、商品抽样、礼品发放等，以及内部协调，如协调直播人员的关系、调节直播时间及解决直播期间出现的问题等。运营的岗位职责和职业能力要求如表2-3所示。

表2-3　运营的岗位职责和职业能力要求

岗位职责	职业能力要求
①负责直播营销的整体规划和统筹 ②熟悉各个不同直播平台的特点及优劣势，能根据直播内容及商品选择合适的平台 ③熟悉直播营销的策划操作，能策划直播操作流程及制定相应的规范 ④熟悉供应链的相关专业知识，能确定选品操作规范 ⑤具备数据分析能力，能分析平台数据，及时调整直播的策划方案以及优化选品	①有良好的观察能力，注重细节，执行能力强 ②有内部资源沟通和协调的能力，能判断出对直播最有价值的资源 ③熟悉平台规则，具备内容策划能力，能根据商品策划直播 ④熟悉商品供应链，能根据选品及时调整定价及策划内容 ⑤具有多个电商岗位实践经验，具备较强的管理能力 ⑥具有良好的职业素养和抗压能力，能适应直播营销较快的工作节奏 ⑦具有良好的个人素养，善于总结问题及进行自我调整

2.2.4　策划岗位

策划负责策划内容，包括视频怎么拍、脚本怎么创作和撰写、直播内容怎么策划等。策划的岗位职责和职业能力要求如表2-4所示。

表2-4　策划的岗位职责和职业能力要求

岗位职责	职业能力要求
①策划账号的各种视频，包括引流视频、商品视频、涨粉视频等 ②策划直播间内容创意玩法，结合直播给粉丝提供不一样的购物体验 ③策划直播间硬装创意、直播间贴图和动图创意、主播的妆容创意等	①熟悉短视频内容市场，了解消费者的内容喜好 ②阅读涉猎广泛，文字功底扎实 ③熟悉不同内容的策划流程及创意思路，有相关写作经验，有优秀的创意和文字能力，叙事逻辑清晰 ④有良好的沟通能力和抗压能力

2.2.5　场控岗位

场控的主要职责是协助主播把控直播间氛围、引导粉丝互动、处理突发状况等，对主播的直播节奏有直接影响。场控是直播营销团队不可或缺的一员，毫不夸张地说，一场直播有优秀的场控在，直播销量一般不会差。场控的岗位职责和职业能力要求如表2-5所示。

表2-5　场控的岗位职责和职业能力要求

岗位职责	职业能力要求
①在直播前确认好直播流程，例如什么时候抽奖、分享主题、分享干货、销售商品等都需要提前确认好 ②调节直播间气氛，调动粉丝积极性，引导粉丝互动，设置点赞频率，配合主播进行商品的讲解 ③给予粉丝陪伴，对于高质量的粉丝团，需要做到进场欢迎、离场欢送、提醒主播及时互动，并且适时为主播提供一些热场礼物 ④维持直播间秩序，进行日常直播管理，及时清理广告 ⑤及时反馈数据给主播，实时关注直播间粉丝反馈和直播商品的数据反馈	①有良好的语言表达能力 ②有较强的随机应变能力和突发事件处理能力 ③有良好的控场能力和抗压能力

2.2.6　客服岗位

客服是直播营销团队中的服务岗位。客服主要负责直播营销中消费者的售前、售中和售后服务。一场优秀的直播，除了优秀的主播，也离不开优秀的客服。客服的岗位职责和职业能力要求如表2-6所示。

表2-6　客服的岗位职责和职业能力要求

岗位职责	职业能力要求
①负责收集消费者信息，了解并分析消费者需求，规划消费者服务方案 ②熟悉商品信息，具有良好的沟通技巧，能正确解释并描述直播商品的属性 ③负责进行有效的消费者管理，了解消费者期望，跟进回访消费者，提高服务质量，发展维护良好的消费者关系 ④负责对商品相关数据的收集和维护	①接待消费者时热情大方，能积极主动地帮助消费者解决自己能力范围内的任何销售问题 ②工作主动热情、仔细耐心，能持续保持高效的工作状态 ③打字速度快，能同时应对多人在线咨询，并能及时、正确地做好备注工作 ④能熟练解答消费者的问题，为消费者推荐商品，熟悉促进销售、订单生成等相关流程

2.3　直播营销团队的人员配置

直播营销团队的人员配置

了解了直播营销团队各岗位的职责与职业能力要求以后，下面来看一下直播营销团队的人员配置。根据直播营销团队的规模，其可以分为低配版直播营销团队、标配版直播营销团队、升级版直播营销团队。

2.3.1　低配版直播营销团队

如果预算不高，那么个人商家或企业商家可以组建低配版直播营销团队。根据工作职能，直播营销团队中需要至少设置1名运营、1名主播。低配版直播营销团队人员职能分工如表2-7所示。

表2-7　低配版直播营销团队人员职能分工

运营（1人）				主播（1人）
营销任务分解 商品组成规划 品类规划 结构规划 陈列规划 直播间数据运营	商品权益活动策划 直播间权益活动策划 粉丝分层活动策划 排位赛制活动策划 流量资源策划	商品脚本撰写 活动脚本撰写 关注话术脚本撰写 控评话术脚本撰写 封面场景策划 下单角标设计 妆容、服饰、道具设计	直播设备调试 直播软件调试 保障直播视觉效果 发券、配合表演 后台回复 及时登记、反馈数据	熟悉商品脚本 熟悉活动脚本 运用话术 做好复盘 控制直播节奏 总结情绪、表情、声音等方面的问题

这种职能分工方式对运营的要求比较高，运营必须是全能型人才，懂技术、会策划、能控场、懂商务、会销售、能运营，在直播过程中要能够自如地转换角色。只设置1名主播的缺点在于团队无法实现连续直播，而且主播流失、生病等问题出现时会影响直播的正常进行。

2.3.2　标配版直播营销团队

企业商家或个人商家选择直播"带货"，一般会按一场直播的完整流程所产生的职能需求组建标配版直播营销团队。表2-8所示为标配版直播营销团队人员职能分工。

表2-8　标配版直播营销团队人员职能分工

运营（1人）	策划（1人）		场控（1人）	主播（1人）
营销任务分解 商品组成规划 品类规划 结构规划 陈列规划 直播间数据运营	商品权益活动策划 直播间权益活动策划 粉丝分层活动策划 排位赛制活动策划 流量资源策划	商品脚本撰写 活动脚本撰写 关注话术脚本撰写 控评话术脚本撰写 封面场景策划 下单角标设计 妆容、服饰、道具设计	直播设备调试、直播软件调试、发券配合主播后台回复、反馈数据	熟悉商品脚本 熟悉活动脚本 运用话术 做好复盘 控制直播节奏 总结情绪、表情、声音等方面的问题

标配版直播营销团队的核心岗位是主播，其他人员都围绕主播开展工作。当然，如果条件允许，还可以为主播配置助理，由助理协助主播完成直播间的所有活动，这种团队配置的人数基本为4～5人。

2.3.3　升级版直播营销团队

随着团队的不断发展，企业商家或个人商家可适当壮大直播营销团队，将其改造为升级版直播营销团队。升级版直播营销团队人员更多、分工更细，工作流程也更优。升级版直播营销团队人员职能分工如表2-9所示。

表2-9　升级版直播营销团队人员职能分工

主播团队（3人）	主播	①开播前熟悉直播流程、商品信息及直播脚本内容 ②直播时介绍、展示商品，与消费者互动，活跃直播间气氛，介绍直播间福利 ③直播结束后做好复盘，总结话术、情绪、表情、声音等方面的问题
	副播	协助主播介绍商品，介绍直播间福利；主播有事时担任临时主播
	助理	①准备直播商品、道具等 ②协助配合主播工作，做主播的模特儿、互动对象，完成画外音互动等
策划（1人）		确定直播主题，准备直播商品，做好直播前的预热宣传，规划开播时间段，做好直播间外部导流和内部消费者留存等
编导（1人）		撰写商品脚本、活动脚本、关注话术脚本、控评话术脚本，做好封面场景策划、下单角标设计，做好妆容、服饰、道具设计等

场控（1人）	①做好直播相关软硬件的调试工作 ②负责直播中控台的操作，包括直播推送、商品上架、监测直播实时数据等 ③接收并传达指令，如运营有需要传达的信息，场控在接到信息后要传达给主播和副播，由他们告诉消费者
运营（2人）	营销任务分解、商品组成规划、品类规划、结构规划、陈列规划、直播间数据运营、活动宣传推广、粉丝管理等
店长导购（2人）	帮助主播介绍商品特点，强调商品卖点，为消费者"种草"商品，同时协助主播与消费者互动
拍摄剪辑（1人）	负责视频拍摄、剪辑（直播花絮、主播短视频及商品的相关信息），辅助主播工作
客服（2人）	配合主播与消费者进行在线互动和答疑，修改商品价格，上线优惠链接，转化订单，解决发货、售后等问题

2.4 主播打造

主播有自己鲜明的特色，是吸引精准用户并留住用户的关键。成为一名优秀的主播绝非易事，主播需要有坚定的信心和持久的恒心。

✎ 课堂讨论

怎样打造主播，有哪些策略？

2.4.1 打造人设

主播人设是指主播人物形象的设定，打造人设是通过主播的形象风格、服装样式、身份地位、性格特点、兴趣习惯以及年龄等来营造在用户心中的印象。通过对比顶级主播不难发现，他们身上都有一个共同特征，那就是拥有个性鲜明且非常受欢迎的人设。

对于主播来说，该如何打造适合自己的人设呢？可以从以下几个方面着手。

（1）形象风格。例如，主播的平时个人形象是"邻家哥哥、姐姐"型的，还是"时尚精致"型的？偏爱日常装扮的主播，将其人设打造为榜样型或偶像型，可能缺乏说服力。从另一个角度说，若是主播人设为偶像型，就需要主播具有时尚精致的外在形象。

（2）服装样式。搭配自己喜欢或符合自身气质、身份的服装。

（3）身份地位。以自己目前的身份和过去的成就来建立人设。

（4）性格特点。向用户展示自己讨喜的、真性情的性格。

（5）兴趣习惯。根据自己的兴趣、习惯来制定人设。

（6）年龄。例如，如果主播只有20多岁，人设为偶像型会比专家型更合适。

2.4.2　打造高度垂直的内容

热门主播的直播内容具有高度垂直的特点，有的专注于直播"带货"领域，有的专注于旅游领域，有的专注于美食领域。打造高度垂直的内容就是专注于一个领域来深耕内容，领域越细分，内容的垂直度就越高。

调查报告显示，高度垂直正在成为内容生产的趋势，用户也更愿意为专业化、垂直化的内容买单。优质的垂直领域的主播能够专心做好内容，借助平台发展获得商业利益。一些垂直领域的主播虽然没有强大的粉丝基础，但他们可以结合直播"带货"进行变现，也能取得惊人业绩。图2-6所示为某主播分享糖醋排骨的制作过程。

图2-6　某主播分享糖醋排骨的制作过程

对于主播来说，可以使用下面的方法打造高度垂直的直播内容。

（1）主播应拥有一项自己擅长的技能。俗话说得好："三百六十行，行行出状元。"主播深挖自身的优势，了解自己的兴趣特长，才能打造属于自己的特色内容。

（2）找到自己擅长的技能之后，就要往这个方向不断地去深耕内容垂直化运营。例如，有的人玩游戏的水平很高，于是专门做游戏直播；有的人非常喜欢旅游，于是在直播中介绍旅游景区；有的人热爱时尚美妆，于是直播分享化妆技巧和教程。

（3）做垂直领域最常见的方法是聚焦某类用户群，利用直击该类用户群痛点的内容吸引他们，再通过符合其特质的内容增强用户黏性。例如，"育儿帮手"针对的是妈妈群体，"云南旅游"面向的是爱好去云南旅游的群体。

小提示

　　精通一门专业技能，然后依靠自身的专业技能来垂直输出直播内容，那么涨粉和变现就比较容易。当然，主播在直播之前还需要做足功课，准备充分，才能在直播的时候从容不迫，最终取得良好的直播效果。

2.4.3 提高应变能力和心理素质

　　在直播的过程中，难免会遇到各种突发状况，这时就非常考验主播的应变能力和心理素质，一般在直播中遇到的突发状况主要有两种，一种是客观发生的，还有一种是主观人为的。接下来通过案例来具体分析这两种情况。

　　1. 直播突然中断

　　主播是通过互联网与受众建立联系的，而要想顺利直播，就必须搭建好网络。有时候主播会因为一些不可抗力而无法继续正常直播，比如网络波动、突然停电而断网等。

　　面对这种情况，主播不要惊慌失措，应该马上用手机重新连接直播，或者在粉丝群告知粉丝直播中断的原因，向他们真诚地道歉，并给予一定的补偿，粉丝得知缘由一般都会体谅主播，不会因为一次小意外而不愉快。

　　2. 人为突发事件

　　客观的突发事件一般来说发生的概率比较小，相对而言还是人为突发事件更多。比如，一些讨厌主播的人或恶意竞争的同行，为了干扰主播的正常直播，故意在直播间和主播唱反调，破坏直播间的秩序，影响主播的直播节奏和效果。

　　面对人为的突发情况，主播要具备良好的心理素质，对于恶意破坏者，采取禁言处理，严重者可以联系官方或平台处理。这样才能使直播继续顺利进行下去，而不会影响整体效果。

2.4.4 选择合适的直播服装

　　在直播中，服装是决定主播能否一眼抓住观众注意力的重要因素，主播的服装也在某些程度上代表了其个人风格。如果能选择合适的直播服装，不但可以弥补、掩饰主播身材的不足，而且能强调、突出主播的优点。

　　不同的服装搭配能给人不同的视觉感受，主播可以根据直播的主题和内容来选择合适的服装风格，这样不仅能满足受众的需求，还能给自己的直播增添丰富的色彩。

　　主播可以尝试多种风格的服装，给粉丝带来不同体验，让粉丝时刻保持新鲜感。

　　对于主播的服装搭配，应该从自身条件、相互协调和受众观感等方面来考虑。

　　（1）自身条件：根据自身气质选择合适的服装，选择能够凸显自己优点的衣服，并保持独有的风格。

（2）相互协调：着装的各个部分相互协调、风格统一，展现整体之美。

（3）受众观感：避免在直播中穿着过于暴露的衣服，在展现美的基础上做到庄重得体。

（4）适合场合：选择适合场合的衣服，不同类型的直播需要穿着不同的衣服，比如职业直播可以选择正式一些的衣服，娱乐直播可以选择时尚、休闲一些的衣服。

（5）颜色搭配：选择适合自己肤色的颜色，以及考虑不同颜色之间的搭配。

2.5　商家选择主播的策略

商家选择主播的策略

很多人看见直播行业火爆，都纷纷做起了主播，但主播的业务能力参差不齐。下面介绍商家做直播营销时选择主播的策略，包括明确主播的类型、寻找主播的渠道、考察主播的能力等方面。

2.5.1　明确主播的类型

常见的主播类型主要有3种，即商家主播、客服主播、机构主播。这几种主播分别具有不同的特点，下面进行介绍。

1．商家主播

商家主播是商家自有的主播，其使用商家的品牌或店铺账号，在商家的直播间持续进行直播"带货"。这种直播，可以由商家自己培养的主播进行，也可以由商家的管理层进行。

采用这类主播的优点在于，主播对店铺的经营状况和商品特性有更深入的了解，所以在介绍商品时会更全面，而且会对直播投入大量的精力，有利于商家合理地控制成本，打造自己的直播生态；缺点在于，主播直播营销经验可能不足，直播能力也因人而异，参差不齐。

2．客服主播

客服主播是指外在条件和表达能力较好的客服担任的主播，一般有经营团队的商家会用这种主播。

采用这类主播的优点在于可以多人持续直播，相互替换，多时段直播，以获得更多的免费流量；缺点在于客服的性质决定了其专业度，他们对平台运作的把控和商品特点的了解程度还不够深，在直播时容易出现偏差。因此，商家要对客服主播进行专业培训，尤其是要提高客服主播商品知识水平和对用户需求的把控能力，并建立相应的考核制度。

3. 机构主播

机构主播是指直播机构签约主播或直播达人。采用这类主播的优点在于拥有专业的直播间环境和专业的直播人员，可获得专属的流量扶持，直播设备由机构提供；缺点在于主播对商品和商家缺乏足够的了解，在挖掘商家需求上存在一定的难度，且投入成本较大。

就目前而言，大多数商家都过于关注机构主播的粉丝数量，却忽略了其"带货"能力。商家在选择机构主播时，要仔细辨别其资质，防止被骗，尤其在签订合同时，要看清合同中提供的服务内容是否清晰，直播的数量、场次、时长等信息是否写明，避免引起不必要的纠纷。

小提示

在选择主播的时候，商家可以考虑先使用一部分预算对主播进行测试，观察其直播效果，避免选到不合适的主播。当然，商家在选择的时候，不能只关注主播的粉丝规模，重要的是看主播能否带来较大的利益。

2.5.2 寻找主播的渠道

商家可以从多个渠道寻找合适的主播，常见的寻找主播的渠道有以下几种。

1. 直播平台官方渠道

可以通过直播平台官方渠道寻找主播，如找淘宝主播就去阿里V任务，找抖音主播就去巨量星图。商家可以在巨量星图上，通过粉丝数、预期CPM（千人成本）、预期播放量来分析达人主播的能力，还可以通过"联系达人"按钮，跟达人主播进一步沟通，如图2-7所示。

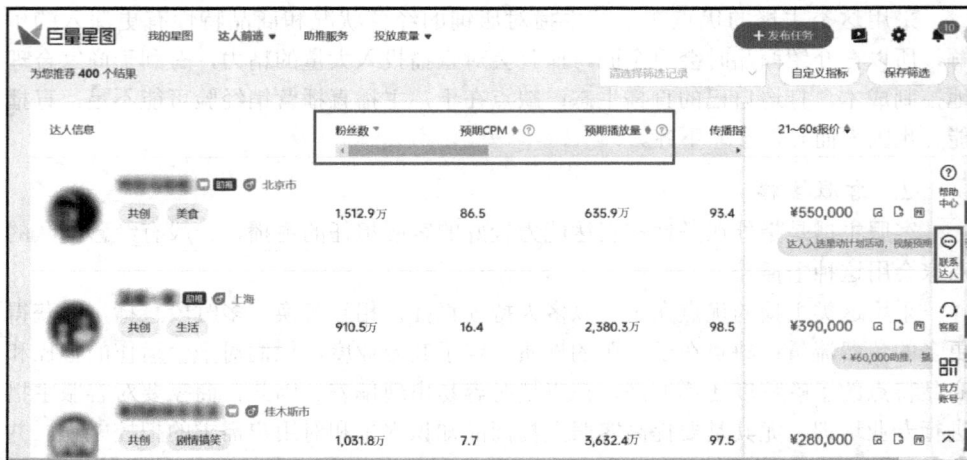

图2-7　通过巨量星图寻找主播

2. 招聘网站

现在各大招聘网站也有很多主播人才求职，可以通过招聘网站寻找有经验的成熟主播。常见的人才招聘网站有智联招聘、前程无忧、BOSS直聘等。通过招聘网站寻找主播如图2-8所示。

图2-8 通过招聘网站寻找主播

3. 主播个人联系方式

很多主播都会在直播账号的个人简介里留下自己的联系方式，商家在直播平台看到中意的主播后，直接联系就可以了。如果主播没有留下联系方式，商家也可以通过私信等方式联系主播，表达合作意向，主播在看到以后，如果感兴趣就会回复，然后在下播后沟通合作事宜，如图2-9所示。

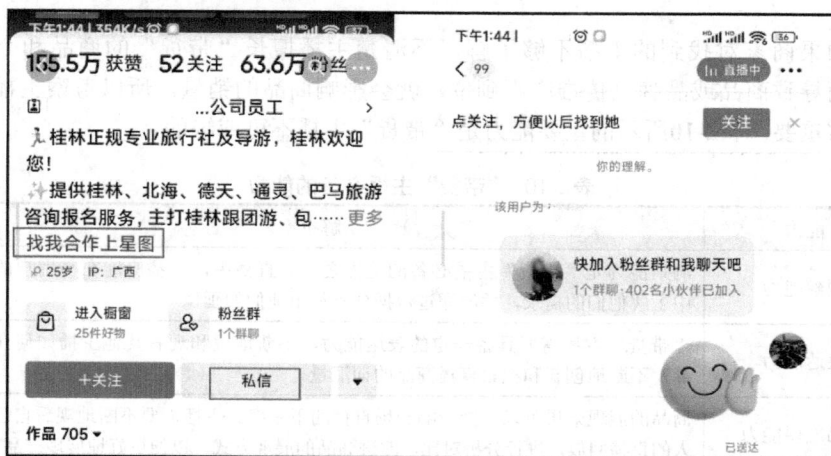

图2-9 通过主播个人联系方式寻找主播

4. 第三方数据分析平台

通过第三方数据分析平台也可以寻找到主播。这些平台专门提供找达人主播及管理达人主播的服务，比如蝉妈妈、飞瓜、达多多等。图2-10所示为通过达多多寻找主播，找到有意向的主播后，就要了解这个主播的基本情况。商家可通过达多多了解主播的粉丝总量、30天销售额、直播场次、场均销售额等数据。

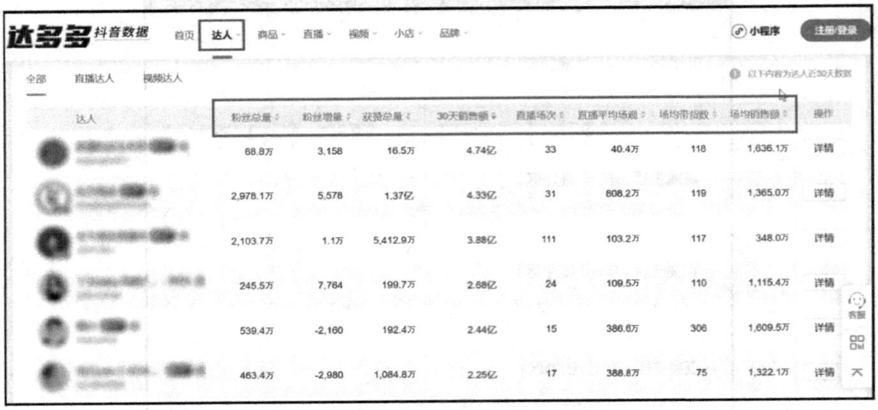

图2-10　通过达多多寻找主播

5. 主播所在的MCN机构

商家也可以通过联系主播所在的MCN机构来与主播取得联系。这种方式一方面能够让商家找到"带货"主播，另一方面也能让MCN机构拥有更好的货源，从而使自身获得更长久的发展。

2.5.3　考察主播的能力

如果商家对找到的主播不够了解，不清楚主播擅长"带货"的商品和个人能力，而导致商品或品牌宣传推广不到位，就会影响商品的销量，所以考察主播的能力非常重要。表2-10所示的重要能力是"带货"主播不可或缺的。

表2-10　"带货"主播必备的能力

能力	解析
洞察能力	洞察能力是"带货"主播必备的能力之一。直播中，主播应能在与用户的交流中了解他们的需求，并能通过数据分析得出他们的画像
表达能力	"带货"主播需要具备一定的表达能力，不断地说和观看其他主播如何介绍产品，不断地创新和积累直播商品的词汇量
商品展现能力	商品的展现效果可以直接影响一场直播的下单率。主播需要不断地观看自己和别人的直播回放，进行分析对比，改进商品的展现方式，以便更好地展现产品
商品知识学习能力	"带货"主播必须学习商品知识，懂商品，才能把商品讲明白、卖出去

续表

能力	解析
卖货能力	"带货"主播的主要任务是将商品销售出去,优秀的"带货"主播通常都是销售高手,更是专业的主持人
创作能力	"带货"主播要想"带货"成功,需要靠内容引流,内容需要优质、具有原创性,因此"带货"主播应具有创作能力

🎓 小提示

总之,商家在寻找主播时要特别慎重,前期需要做充足的准备和数据调研。商家应根据查询的数据从多方面进行综合分析,了解并掌握主播最真实的情况,找到真正适合自身商品的主播。商家选择的主播既要有人气、有能力,又要熟悉商品,还要能满足商家的诉求。

2.6 主播助理打造

主播助理的工作就是协助主播更好地完成直播,负责跟进用户的咨询、投诉、建议,反馈工作中遇到的各种问题,并提出合理的解决方案。当主播出现一些突发状况时,主播助理应随机应变,维持直播间秩序。

2.6.1 主播助理认知

主播助理是为主播做好直播相关的准备工作,协助主播更好地完成直播工作的助理人员。没有主播助理,主播很难在展示和介绍商品的同时兼顾运营。

根据工作性质的不同,主播助理可以分为前场助理和后台助理,前场助理又分为出镜的助理和不出镜或很少出镜的助理,如表2-11所示。

表2-11 主播助理的类型及工作职责

主播助理类型		工作职责
前场助理	出镜的助理	主要充当主播的模特儿,试穿衣服、试用商品,帮助主播补充介绍商品信息,回答用户提出的问题,向用户演示抽奖活动方式或下单流程等,调动直播间的气氛,把控直播的节奏,主播有事时临时充当主播的角色
	不出镜或很少出镜的助理	在场外对主播提到的商品或优惠信息做出补充,配合主播完成直播
后台助理		负责配合直播间的所有现场工作,如灯光设备调试、商品摆放、修改商品价格、上线优惠链接、转化订单等

一般商家的直播比较流程化和标准化,其直播模式是1个主播+1个主播助理,助理很少出镜,更多的是在场外与主播互动,辅助直播营销。

2.6.2 主播助理的必备能力

一个优秀的主播助理需要掌握4种能力，如表2-12所示。

表2-12 主播助理的必备能力

能力	说明
内容策划能力	可以参与内容的策划制作，如设计直播封面、策划直播等
团队沟通协作能力	主播助理必须要和主播保持紧密和良好的沟通，双方能够互相理解。有时只需主播一个眼神和动作，主播助理就能懂自己需要如何反应
商品销售能力	主播助理需要了解直播商品的基本知识、商品信息和商品卖点，协助主播介绍商品，引导用户下单
直播引流与运营能力	主播助理需要了解直播平台的推荐机制和直播间的运营技巧，活跃直播间气氛，帮助主播掌控直播节奏

素养提升

《网络直播营销管理办法》中的有关条款如下。

一、直播营销人员或者直播间运营者为自然人的，应当年满十六周岁；十六周岁以上的未成年人申请成为直播营销人员或者直播间运营者的，应当经监护人同意。

二、直播间运营者、直播营销人员从事网络直播营销活动，应当遵守法律法规和国家有关规定，遵循社会公序良俗，真实、准确、全面地发布商品或服务信息，不得有下列行为：

（一）违反《网络信息内容生态治理规定》第六条、第七条规定；

（二）发布虚假或者引人误解的信息，欺骗、误导用户；

（三）营销假冒伪劣、侵犯知识产权或不符合保障人身、财产安全要求的商品；

（四）虚构或者篡改交易、关注度、浏览量、点赞量等数据流量造假；

（五）知道或应当知道他人存在违法违规或高风险行为，仍为其推广、引流；

（六）骚扰、诋毁、谩骂及恐吓他人，侵害他人合法权益；

（七）传销、诈骗、赌博、贩卖违禁品及管制物品等；

（八）其他违反国家法律法规和有关规定的行为。

三、直播间运营者、直播营销人员发布的直播内容构成商业广告的，应当履行广告发布者、广告经营者或者广告代言人的责任和义务。

四、直播营销人员不得在涉及国家安全、公共安全、影响他人及社会正常生产生活秩序的场所从事网络直播营销活动。

　　直播间运营者、直播营销人员应当加强直播间管理，在下列重点环节的设置应当符合法律法规和国家有关规定，不得含有违法和不良信息，不得以暗示等方式误导用户：

　　（一）直播间运营者账号名称、头像、简介；

　　（二）直播间标题、封面；

　　（三）直播间布景、道具、商品展示；

　　（四）直播营销人员着装、形象；

　　（五）其他易引起用户关注的重点环节。

　　五、直播间运营者、直播营销人员应当依据平台服务协议做好语音和视频连线、评论、弹幕等互动内容的实时管理，不得以删除、屏蔽相关不利评价等方式欺骗、误导用户。

　　六、直播间运营者应当对商品和服务供应商的身份、地址、联系方式、行政许可、信用情况等信息进行核验，并留存相关记录备查。

　　七、直播间运营者、直播营销人员应当依法依规履行消费者权益保护责任和义务，不得故意拖延或者无正当理由拒绝消费者提出的合法合理要求。

　　八、直播间运营者、直播营销人员与直播营销人员服务机构合作开展商业合作的，应当与直播营销人员服务机构签订书面协议，明确信息安全管理、商品质量审核、消费者权益保护等义务并督促履行。

　　九、直播间运营者、直播营销人员使用其他人肖像作为虚拟形象从事网络直播营销活动的，应当征得肖像权人同意，不得利用信息技术手段伪造等方式侵害他人的肖像权。对自然人声音的保护，参照适用前述规定。

本章自测题

一、填空题

1．常见的直播营销团队组织架构包括＿＿＿＿＿＿、＿＿＿＿＿＿、＿＿＿＿＿＿、＿＿＿＿＿＿等。

2．＿＿＿＿＿＿是直播的直接执行人，是直播营销中的核心。

3．通常来说，一个成熟的直播营销团队里有六大岗位：＿＿＿＿＿＿、＿＿＿＿＿＿、＿＿＿＿＿＿、＿＿＿＿＿＿、＿＿＿＿＿＿、＿＿＿＿＿＿。

4．＿＿＿＿＿＿是直播营销中的综合岗位，主要负责直播营销的整体规划和统筹。

5．＿＿＿＿＿＿是指主播人物形象的设定，＿＿＿＿＿＿是通过主播的形象风格、服装样式、身份地位、性格特点、兴趣习惯以及年龄等来营造在用户心中的印象。

二、选择题

1. （　　）是直播营销团队中的服务岗位，主要负责直播营销中消费者的售前、售中和售后服务。

A. 客服　　　　　B. 主播　　　　　C. 运营　　　　　D. 场控

2. （　　）的主要工作内容包含确定直播主题、策划直播，规划脚本和直播中的福利等。

A. 主播团队　　　B. 策划团队　　　C. 运营团队　　　D. 直播主管

3. （　　）是主播的助手，分担着主播的压力，其核心任务就是辅助主播进行直播，帮助主播更好地完成各项直播任务。

A. 场控　　　　　B. 运营　　　　　C. 副播　　　　　D. 主播

4. （　　）是商家自有的主播，其使用商家的品牌或店铺账号，在商家的直播间持续进行直播"带货"。

A. 个人主播　　　B. 达人主播　　　C. 机构主播　　　D. 商家主播

5. （　　）不是主播助理的必备能力。

A. 视频拍摄与制作能力　　　　　B. 团队沟通协作能力

C. 商品销售能力　　　　　　　　D. 直播引流与运营能力

三、简答题

1. 个人直播营销团队组织架构是怎样的？
2. 运营的岗位职责与职业能力要求有哪些？
3. 常见的主播类型有哪些？
4. 主播如何打造适合自己的人设？
5. 主播助理的必备能力有哪些？

任务实训——直播营销团队的组建

为更好地了解直播营销团队的组建和岗位的设置，我们将进行下述实训。

一、实训目标

1. 理解直播营销团队岗位职责与职业能力要求。
2. 对比直播营销团队各岗位的差别。

二、实训内容

调研三家企业，观察企业直播营销团队的组建情况，完成以下内容。

1. 分析各企业的直播营销团队有哪些岗位。
2. 详细描述每一个岗位的职责和技能要求。
3. 对比三家企业的直播营销团队组织架构有什么不同。

三、实训要求

1. 通过对企业直播营销岗位分析，总结直播营销团队岗位的基本技能和职业能力要求。
2. 根据企业存在的直播营销岗位需求和问题，提出有针对性的直播营销岗位人才解决方案。

第3章

直播营销的筹备

对于企业来说，不仅直播营销的执行过程很重要，直播营销的筹备工作也非常重要。本章主要讲述直播营销方案的策划与执行规划、直播场地的基本要求与布置、直播硬件的配置和软件的调试、直播脚本的策划等内容。

【教学目标】

知识目标	☑ 熟悉直播场地的基本要求 ☑ 熟悉直播场地的布置 ☑ 熟悉直播脚本的定义
技能目标	☑ 掌握直播营销方案的策划 ☑ 掌握直播硬件的配置和软件的调试 ☑ 掌握直播脚本的策划
素养目标	☑ 培养爱岗敬业、甘于奉献的精神 ☑ 培养劳动精神

【引导案例】

做好直播营销过程的筹划

孙晓丽是一名直播"带货"主播。在刚开始进行直播时，孙晓丽并不知道应该如何进行直播，更不知道如何与消费者交流互动。她本以为直播是一件很容易的事，只要坐在屏幕前认真地展示商品就能吸引大量消费者观看直播。

但当真正做了主播之后，她才发现直播"带货"并不容易。在刚开始进行直播时，孙晓丽没有对直播进行筹备，把握不好直播的流程，在直播的过程中花费大量的时间回答消费者提出的问题。因此，她直播的效率并不高。为了解决这个问题，孙晓丽开始设计直播脚本，并对直播营销过程进行筹划。她练习的内容一般是介绍商品、预设消费者可能提出的问题并想出答案。同时，她还设计了一些互动环节，以此增加直播间的人气。

经过一段时间的练习，孙晓丽的直播效果有了很大的改善。她的直播间渐渐活跃起来，越来越多的消费者在直播间下单。

艺人在开演唱会等演出时一般都会进行彩排，以保证演出的流畅性。主播进行直播"带货"也是如此，对直播营销过程进行筹划，才能够带给消费者更好的观看体验，从而提高商品的销量。其中，提前策划直播脚本是十分有必要的。只有经过充分的策划，通过彩排预设并解决可能出现的问题，主播才能够保证直播的完整性和流畅性。

思考与讨论

（1）为什么要做好直播营销的筹备？

（2）进行直播营销筹备时应该做好哪些工作？

3.1 直播营销方案的策划与执行规划

在直播营销开始之前，直播营销团队需要制定完整的直播营销方案及执行规划，以准确传达直播营销的思路，确保直播营销活动的顺利进行。

3.1.1 直播营销方案的策划

作为传递信息的桥梁，直播营销方案需要将抽象的思路转换成具体的文字，以使所有参与人员，尤其是直播营销相关项目的负责人，既了解整体思路，又明确落地方法及步骤。

完整的直播营销方案包括直播目标、直播思路简述、直播间的人员分工、直播的时间节点、直播的预算五大要素，如图3-1所示。

1. 直播目标

直播营销方案首先需要传达直播

> 课堂讨论
>
> 直播营销方案包括哪些内容？

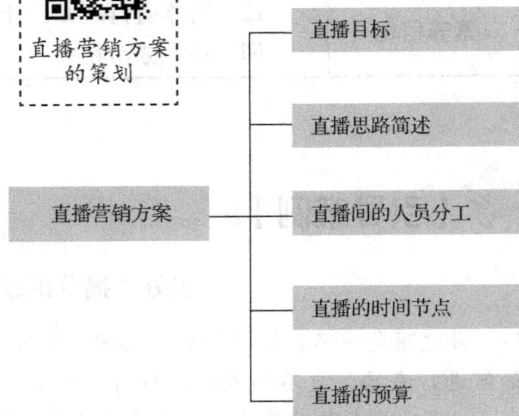

直播营销方案的策划

图3-1 直播营销方案

（直播营销方案 → 直播目标 / 直播思路简述 / 直播间的人员分工 / 直播的时间节点 / 直播的预算）

目标，告诉团队成员，通过这场直播需要完成的销售量、观看人数、转化率、成交金额等目标。直播营销方案策划者需要综合商品特色、目标用户、营销目标等，提炼出直播的目标。

例子如下：春节前的这段时间是用户采购年货的主要时间段，为了宣传我司的春节新品套装，并在春节放假前将我司天猫店销售金额提升至6000万元，我司将于近期进行一场淘宝直播。

2. 直播思路简述

在策划直播营销方案时，必须把整体思路理清，然后有目的、有针对性地执行。直播营销方案需要对直播的整体思路进行提炼和概括，让观者一眼就能明白直播的大概内容。

其中，直播主题是直播营销方案的中心。直播主题的本质作用就是告诉观者直播的主要内容是什么，明确直播主题能够保证直播内容的方向不会跑偏。可以从不同角度来策划主题，比如根据用户需求来策划、根据时节来策划，以及根据电商活动来策划等。3个策划角度的策划依据和策划要点如表3-1所示。

表3-1　3个策划角度的策划依据和策划要点

策划角度	策划依据	策划要点	举例说明
用户需求	用户的标签及消费需求	突出用户的需求热点	冬款加厚羽绒服7折购
时节	用户在不同时节的消费需求	突出时节的消费亮点	五一裙子全场半价
电商活动	用户在电商活动期间的消费心理	突出促销力度	"双十一"六折促销

3. 直播间的人员分工

对于较为大型的直播来说，主播个人要想完成直播的整个过程是非常困难的，需要组建直播营销团队，安排人员来协助主播完成直播的各项工作。这样能集合众人的力量把直播做得更好，同时减轻主播的负担。

比如，主播负责引导用户、介绍商品、解释活动规则；助理负责现场互动、回答问题、发送优惠信息等；客服负责修改商品价格、与粉丝沟通、转化订单等。

为了确保直播的顺利开展，直播营销团队需要先将与直播营销相关的工作分组。一般情况下，一场以营销为目的的直播，需要配置宣传组、道具组、摄制组、主播组、商品组等。为了提升方案的可执行度，每个小组都需要设定一个负责人和几名成员，并在方案中简单描述小组的工作内容，如表3-2所示。

表3-2　小组分工说明

小组	负责人	成员	小组工作内容
宣传组	运营负责人	运营人员	负责微信公众号、视频号、微博、抖音、小红书、快手、淘宝等平台的直播预告和直播后的图文、视频宣传

续表

小组	负责人	成员	小组工作内容
道具组	编导	场控	负责准备直播间的道具及直播后的道具整理
摄制组	编导	拍摄人员、视频剪辑人员	负责直播间的拍摄器材准备、直播过程的拍摄及直播后的视频剪辑
主播组	主播	副播、助理	负责商品介绍、商品促销、引导用户下单等
商品组	助理	客服	负责直播间的商品准备和传递、用户问题的回答、直播后的商品整理等

4. 直播的时间节点

直播的时间节点是直播营销方案的一个重要组成部分，需要迎合用户群体的生活习惯和需求。比如，如果是在周一至周五，白天绝大部分人都在工作或者学习，所以直播最好在晚上进行；如果是在周末，则下午或者晚上都可以。选择合理的直播时间能够增加直播的观看人数。

确定好直播时间之后，一定要严格地执行，并且准时开播，这样能在用户心中建立良好的信誉，让用户养成按时观看直播的习惯，增强用户的黏性。

直播营销方案中需要明确体现的时间节点有两部分：直播的整体时间节点和直播中各个环节的时间节点。

第一部分是直播的整体时间节点，包括前期准备、直播现场、直播进行时、直播结束后四个阶段，如表3-3所示。直播营销团队确定好直播的整体时间节点可以便于所有参与者对直播工作形成一个整体印象。

表3-3　直播的整体时间节点

阶段	关键内容	时间要求
前期准备	预约直播时间，确定主题、商品及直播流程	提前5～7天
	制作直播宣传海报、预热短视频	提前3～5天
	直播前期宣传推广，积累用户	提前3天
	准备直播道具、样品	提前1～3天
	准备及检查拍摄器材	提前1～3天
	确定直播人员	提前1～7天
直播现场	直播人员到达直播现场	提前0.5～1小时
	布置场地，调整灯光，确认最佳拍摄效果	提前3～6小时
	检查网速和直播设备	提前1～2小时
	直播人员就位	提前0.5小时
直播进行时	直播人员各司其职，需要注意直播现场的状况，及时回答用户问题	依实际情况而定

阶段	关键内容	时间要求
直播结束后	清点整理道具、样品及直播间设备	直播后2小时内
	提取后台相关数据，以便分析及二次传播	直播后2小时内
	直播复盘	直播后4小时内
	剪辑精彩直播视频	直播后24小时内
	直播后进行图文宣传及视频宣传	直播后24小时内

第二部分是直播中各个环节的时间节点，即直播营销团队需要明确主要环节及每个环节的开始时间和结束时间，举例如表3-4所示。

表3-4 直播中各个环节的时间节点

序号	时间	环节	环节说明
1	19:00～19:30	暖场	主播做自我介绍、直播的商品介绍、福利及抽奖活动介绍，告知用户直播的主题
2	19:31～20:00	引流商品介绍	主播做详细的引流商品介绍，充分利用道具展示商品优惠价、折扣、数量等
3	20:01～21:00	重点商品介绍	介绍本场直播重点推荐的商品，可以通过赠送福利的方式刺激用户的购买欲望，如发红包、关注领取优惠券、整点抽奖等
4	21:01～21:30	一般商品介绍	主播做详细的一般商品介绍，说明商品功能、相较于同类商品的竞争优势
5	21:31～21:45	直播结束	主播告知用户直播即将结束，感谢用户观看，预告下次直播的时间、内容、福利等
6	21:46～22:00	清场	整理直播间道具、样品
7	22:01～23:00	复盘	对直播的整个过程进行回顾，总结经验和教训，发现其中存在的问题和不足，对于一些好的方法和措施要保留和继承，以此来不断地完善和改进直播

5. 直播的预算

每一场直播都会涉及预算，整体预算情况、各环节的预算情况，都需要直播营销团队在直播营销方案中进行简要描述。

一般情况下，一场直播可能需要以下4个方面的费用投入。

（1）基础投入：手机、计算机、摄像机、话筒等直播硬件购置费用，直播间装饰费用，直播团队的薪酬，直播场地的租赁费用，直播平台店铺的开店费用，等等。

（2）现场福利活动投入：现场福利以发放红包、优惠券、实物礼品为主，如关注领红包，抽奖得红包、优惠券、实物礼品等。

（3）前期宣传活动投入：各个宣传渠道的引流费用、宣传物料的制作费用等。

（4）后期宣传活动投入：各个渠道的维护费用、推广费用，以及宣传物料制作费用等。

当某个小组可能出现预算超支的情况时，需要提前告知相关负责人，便于整体协调。

3.1.2 直播营销方案的执行规划

直播营销方案执行规划是直播营销方案在执行层面的进一步细化，以明确每个阶段的具体工作是什么、什么时候完成、负责人是谁等。

直播营销方案执行规划的呈现方式是工作跟进表，如表3-5所示。撰写工作跟进表，有助于直播营销团队按照"一人一事跟进到底"的原则，跟进各项具体工作的执行过程。

表3-5 工作跟进表

阶段	具体工作	责任人	计划时间	完成时间
前期准备	预约直播时间	运营		
	确定直播主题	编导、主播、运营等		
	确定直播间的商品组合	选品、运营等		
	确定直播流程	编导		
	进行多平台的宣传推广	运营		
	准备环境灯、测光灯、前置灯架、摆设道具	编导		
	准备直播间拍摄器材	拍摄		
	确认直播人员	编导		
直播现场	布置场地	助理、场控、编导		
	安装及调试拍摄器材	拍摄		
	检查网速	编导、场控		
	安排直播人员工作	编导		
直播进行时	直播预热	主播和助理		
	引导用户关注	主播和助理		
	介绍商品	主播		
	上架及下架商品	客服		
	介绍福利活动	主播		
	引导用户参与福利活动	助理		
	用户答疑	主播、助理、客服		

阶段	具体工作	责任人	计划时间	完成时间
直播结束后	整理道具、样品	主播、助理		
	整理拍摄设备	拍摄		
	提取直播数据	运营		
	直播复盘	全体成员		
	剪辑直播视频	剪辑		
	制作相关图文	运营、设计		
	在自媒体平台进行宣传	运营		

小提示

　　工作跟进表的样式及内容并非完全固定的，在不改变制作工作跟进表目的的基础上，直播营销团队可根据具体需求对表格进行调整，以满足跟进各项具体工作落地的需求。

3.2 直播场地的基本要求与布置

直播场地的基本要求与布置

　　直播场地是非常重要的，直播场地的效果往往决定了用户对直播间的第一印象。接下来介绍直播场地的基本要求与布置。

3.2.1 直播场地的基本要求

　　直播场地的基本要求，可以分别从室内和室外两个场景来讲。

1. 室内直播场地的基本要求

　　（1）隔音效果良好，能够有效避免杂音的干扰。

　　（2）有较好的吸音效果，能够避免产生回音。

　　（3）光线效果好，能够有效提升主播和商品的美观度，减小商品的色差，提高直播画面的视觉效果。

　　（4）空间充足，面积一般为10～40平方米。如果需要展示一些体积较大的商品，如钢琴、冰箱、电视机等，要注意空间的深度，确保能够完整地展示商品且直播画面美观。

　　（5）如果需要使用顶光灯，则要考虑室内空间的高度，高度一般控制在2.3～2.5米，要保证能够给顶光灯留下足够的空间，避免顶光灯因位置过低而入镜，影响画面的美观度。

（6）为了避免直播画面过于凌乱，在直播时不能让所有的商品同时入镜。因此在直播商品较多的情况下，直播间要留出足够的空间放置其他商品。此外，有些直播间会配置桌椅、黑板、花卉等道具，也要考虑为这些道具预留空间。

（7）有些直播中除了主播，还会有副播、助理等人员，因此也要考虑为这些人员预留出工作空间。

2. 室外直播场地的基本要求

室外场地比较适合直播体积较大或规模较大的商品，或货源采购现场的商品。选择室外场地作为直播间时，直播营销团队需要考虑以下因素。

（1）鉴于室外的天气状况，一方面要做好下雨、刮风等天气的防范应对工作，另一方面要设计室内备用方案，避免在直播中遭遇极端天气而导致直播延期。另外，如果选择在傍晚或夜间直播，还需要配置补光灯。

（2）室外场地不宜过大。在直播过程中主播不仅要介绍各类商品，还要回答用户提出的一些问题，如果场地过大，主播容易把时间浪费在行走上。

3.2.2 直播场地的布置

虽然对直播场地的布置并没有统一的硬性标准，主播可以根据自己的喜好进行设计，但总体上要遵守以下原则。

1. 直播场地要干净、整洁

很多主播不会准备专门的直播场地，而是选择在家或者寝室进行直播。无论选择何处作为直播间，首先要保证直播场地干净、整洁。在开播之前，主播首先要将直播场地整理干净，将各种物品摆放整齐，创造一个干净、整洁的直播环境。

2. 定位直播间的整体风格

在布置直播场地前，主播要从直播的类型入手，明确这个直播间是展示才艺的直播间，还是电商"带货"的直播间，然后根据直播内容定位直播间的整体风格。

例如，对于爱好音乐、脱口秀，装扮甜美、可爱的泛娱乐女主播来说，直播间可布置成清新风格，背景墙可以选择粉红色等暖色系色调，营造一种温暖、清新、甜美的感觉。而对于电商"带货"类直播来说，直播间则要突出营销的属性，可以用要销售的商品来装饰直播场地。图3-2所示为电商"带货"类直播间。

3. 直播间的环境要与主播格调一致

这里所说的主播格调指的是主播的妆容、服装风格等。如果直播间的环境布置能够与主播的妆容、服装风格保持一致，那么直播画面在整体上看起来就和谐统一，给用户带来浑然一体的感觉。

4. 利用配饰适当点缀

利用一些别具一格的配饰点缀直播场地，可以增加直播间的活力，同时也可以让用户对主播有更多的了解。例如，主播可以在置物架上放置一些自己喜欢的书籍、玩偶、摆件等，图3-3所示为用配饰点缀的直播间。这样不仅能够增加直播间的活力，还能突出主播的品位和个性特征。主播要合理安排配饰的摆放位置，切勿让直播间显得过于杂乱。

图3-2　电商"带货"类直播间

图3-3　用配饰点缀的直播间

5. 直播间背景

直播间背景宜以浅色为主，以简洁、大方、明亮为基础。背景可以是书柜，或者是背景布、背景墙，不建议直接用白色的墙作为背景，因为白色在灯光的作用下会反光，展示商品时，容易给用户造成镜头模糊、看不清楚的困扰。如果想节约直播场地布置成本，或者解决直播场地布置达不到心理预期的问题，可以尝试使用背景墙。图3-4所示为使用背景墙的直播间。质量上乘的背景墙配上合适的灯光，能够形成很好的立体效果。

图3-4　使用背景墙的直播间

3.3 直播硬件的配置和软件的调试

"工欲善其事，必先利其器。"优质的直播效果离不开专业的直播硬件的配置和软件的调试。

3.3.1 直播硬件的配置

通常来说，直播需要的硬件设备主要有摄像头、自拍杆和手持稳定器、话筒、计算机和手机、灯光设备、支架等。

1. 摄像头的选择

摄像头是直播的基础设备，目前既有固定支架摄像头，也有软管式摄像头，还有可拆卸式摄像头。

（1）固定支架摄像头如图3-5所示，可以独立置于桌面，或者夹在计算机显示器屏幕顶端，使用者可以调整摄像头的方向。这种摄像头的优势是比较稳定，有些甚至自带防震动装置。

（2）软管式摄像头带有一个能够随意扭曲的软管支架，如图3-6所示。这种摄像头上的软管能够多角度调节，即使被扭成S、L等形状后仍可以固定，有助于主播实现多角度拍摄。

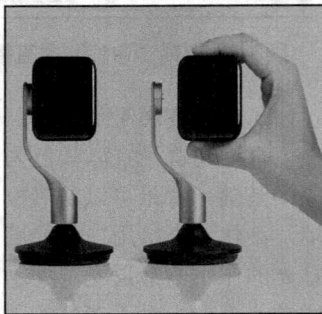

（3）可拆卸式摄像头是指可以从底座上拆卸下来的摄像头，如图3-7所示。这种摄像头能被内嵌、扣在底座上，主播可以使用支架或其他工具将其固定在计算机显示器屏幕顶端或其他位置。

图3-5　固定支架摄像头　　图3-6　软管式摄像头　　图3-7　可拆卸式摄像头

2. 自拍杆和手持稳定器的选择

为了防止直播时画面抖动，必要时可以使用自拍杆；如果资金预算比较充足，也可以选择专业的手持稳定器。

（1）自拍杆。自拍杆能够有效避免"大头画面"的出现，让直播画面更加完整，更加具有空间感。自拍杆的种类非常多，如带蓝牙的自拍杆、能够多角度调节的自拍杆，以及带美颜补光灯的自拍杆等。就户外直播而言，带美颜补光灯的自拍杆和能够多角度调节的自拍杆更受欢迎。图3-8所示为自拍杆。

（2）手持稳定器。在户外直播时，主播通常需要到处走动，一旦走动，镜头就会出现抖动，这样必定会影响用户的观看体验。虽然一些手机具有防抖功能，但是其防抖效果有限，这时主播需要配置手持稳定器来保证拍摄画面的稳定。手持稳定器如图3-9所示。

图3-8　自拍杆　　图3-9　手持稳定器

3. 话筒的选择

除了视频画面，直播时的音质也直接影响直播的质量，所以话筒的选择也非常重要。话筒主要分为动圈话筒和电容话筒。

（1）动圈话筒如图3-10所示，其最大的特点是声音清晰，能够将高音真实地还原。动圈话筒又分为无线动圈话筒和有线动圈话筒，目前大多数无线动圈话筒支持苹果及安卓系统。动圈话筒的不足之处在于其收集的声音的饱满度不足。

图3-10　动圈话筒

（2）电容话筒如图3-11所示，其收音能力极强，音效饱满、圆润，声音听起来非常舒服，不会产生突兀的尖锐高音。如果直播唱歌，可配置一个电容话筒。由于电容话筒非常敏感，容易"喷麦"，因此使用时可以给其装上防喷罩。

图3-11　电容话筒

小提示

大多数主播直播时使用的话筒都是电容话筒，电容话筒的质量决定了直播间的音质，从而影响直播的整体效果。

4. 计算机和手机的选择

用于直播的两大设备是计算机和手机，两者各有利弊。下面详细讲解如何选择计算机和手机。

（1）计算机。在4G刚刚商用普及，而移动智能设备的用户数量远没有现在这么多时，直播对普通人来说还是一个新兴的互联网行业。当时，从事专业直播的人采用的直播设备是计算机，而直播对这类设备的配置要求都比较高，计算机的性能与直播的体验往往为正相关关系。

在各大电商平台可以搜索市场上主流的计算机品牌和热门的计算机型号。

（2）手机。与计算机直播相比，手机直播的方式更加简单和方便，只需要一部手机，然后安装一款直播平台的App，再配上一副耳机即可。手机直播适用于那些把直播当作一种生活娱乐方式的人或者刚开始直播的新人。因为手机的功能没有计算机强大，有些专业的直播操作在手机上无法实现，所以直播对手机配置的要求没有计算机那么高。虽然如此，对手机的选购也是需要仔细考虑和斟酌的。

手机的选购和计算机一样，要注意配置参数，然后在预算范围内选择一款自己喜欢的。

5. 灯光设备的选择

为了调节直播环境中的光线效果，需要配置灯光设备。图3-12所示为环形补光灯，图3-13所示为八角补光灯。专业级直播则需要配置专业的灯光设备，如柔光灯、无影灯、美颜灯等，以打造更加精致的直播画面。

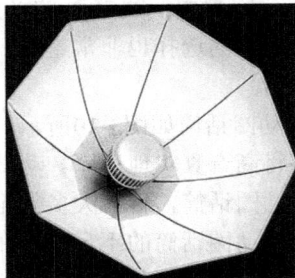

图3-12　环形补光灯　　　　　　　　图3-13　八角补光灯

6. 支架的选择

支架是用来放置摄像头、手机或话筒的，它既能解放主播的双手，也能增加摄像头、手机、话筒的稳定性。图3-14所示为摄像头三脚架，图3-15所示为手机支架，图3-16所示为话筒支架。

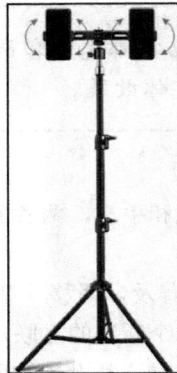

图3-14　摄像头三脚架　　　　图3-15　手机支架　　　　图3-16　话筒支架

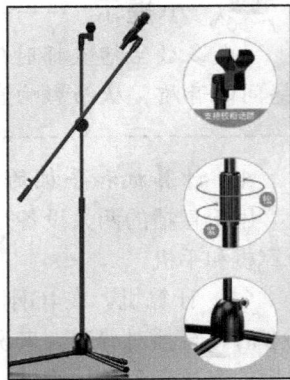

3.3.2　直播软件的调试

在直播开始之前，直播营销团队还需要对直播软件进行调试，如对直播App进行初步设置及反复测试，以免由于操作不熟练或软件自身问题而在直播现场出现失误。

直播App的测试主要由两部分组成：第一是主播视角，主播应熟悉直播开启方法、镜头切换方法、声音调整方法等；第二是用户视角，主播需要以用户身份注册账号，进入直播间观看，从普通用户的角度观察直播画面，如果发现问题需要及时改正。

主播视角的测试包括许多方面，如直播间介绍、封面设置、直播预告、录制权限设置、直播间送礼等付费功能的开启或关闭、直播可见范围设置、敏感词设置、管理员设置、红包发放权限设置、观众匿名设置等。这些都需要主播在开播前按需完成，需要反复操作，做到熟练为止。

而用户视角的测试比较简单，主播进入直播间后可以查看直播画面、声音、弹幕等情况，确定都没有问题后，即可完成测试。

3.4　直播脚本的策划

一份合适的直播脚本是直播步入正轨的必要条件，可以让直播变得更有趣、商品卖得更好。

3.4.1　直播脚本的定义

直播脚本就是直播的剧本，它以一篇稿件为基础，形成直播的工作框架，规范并引导直播有序地推进。在直播过程中，主播在没有脚本的情况下介绍商品，容易因信息琐碎而产生重点与卖点不突出的问题，或因时间控制不当导致商品介绍超时或剩余时间过多等一系列问题。

一场好的直播离不开一个设计严谨的直播脚本。直播脚本就像电影的大纲一样，可以让主播把控直播的节奏、规范直播的流程、达到预期的目标，让直播效益最大化。

直播脚本一般以完整的直播为单位，或以单品解说为单位。一般来说，整场直播脚本应强调流程、时间、工作配合、技术指导等；单品直播脚本应侧重于突出商品卖点，强调与用户利益的结合点，以及如何在直播中以体验的方式证明商品的真实性、优惠力度等。

在进行直播脚本策划之前，直播营销团队首先要明确直播脚本的核心要素，包括明确直播主题、把控直播节奏、调度直播分工、控制直播预算，如图3-17所示。

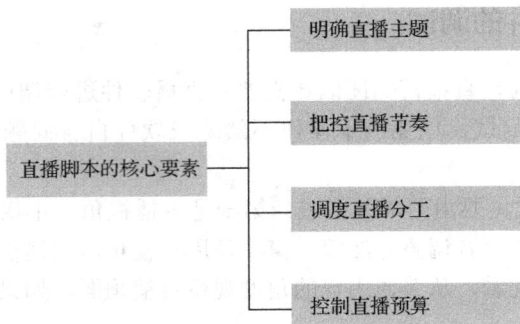

图3-17 直播脚本的核心要素

🎓 小提示

直播脚本可以为主播每一分钟的动作行为做出指导，让主播清楚地知道在某个时间该做什么，还有什么没做。

1. 明确直播主题

直播主题是直播的核心，整场直播的内容需要围绕直播主题进行拓展。要明确直播主题，首先要明确直播的目的，如是提高企业的知名度还是开展大型促销活动。明确直播主题，吸引用户观看直播，是直播营销中最关键的步骤之一。

俗话说，好的开头是成功的一半。选好直播主题也是如此。直播主题可以是当下的热点主题，也可以是传统节日主题，或者商家自己创造的节日主题，如品牌诞生周年纪念日等。

2. 把控直播节奏

主播把控直播节奏可以通过预习当天的直播内容、熟悉当天直播的商品来实现。把控直播节奏在很大程度上可以让直播有条不紊地进行。

一个合格的直播脚本的安排应具体到分钟。比如8点开播，8点到8点10分进行直播间的预热、和用户打招呼等。

另外，直播脚本的内容还应包括对商品介绍的时间安排，如一个商品介绍多长时间。直播营销团队只有尽可能把时间规划好，才能按照计划来执行。直播营销团队可以为每一款商品定制一个简单的单品直播脚本，以表格的形式将商品的卖点和优惠活动标注清楚，以避免主播在介绍商品时手忙脚乱、混淆不清。

3. 调度直播分工

直播脚本中调度直播分工方面的内容可以指导主播、副播、运营的动作、行为、话术等。

4. 控制直播预算

单场直播需要控制成本。中小商家可能预算有限，直播营销团队可在直播脚本中提前设计好能承受的优惠券金额或者促销活动、赠品支出等，以控制直播预算。

3.4.2　单品直播脚本策划

单品直播脚本是围绕单个商品设计的直播脚本，核心是突出商品卖点。在一场直播中，主播会向用户推荐多款商品，主播必须对每款商品的特点和应采用的营销手段有清晰的了解，这样才能更好地将商品的亮点和优惠信息传达给用户，刺激用户的购买欲望。因此，为了帮助主播明确商品的特点，熟知对每款商品应采用的营销手段，直播营销团队可为直播中的每款商品都准备一个单品直播脚本。

直播营销团队可以将单品直播脚本设计成表格形式，其主要包括品牌介绍、商品卖点、直播利益点等内容。这样既便于主播全方位地了解直播商品，也能有效地避免相关人员在对接过程中产生疑惑。表3-6所示为某品牌一款电饭锅的单品直播脚本。

表3-6　某品牌一款电饭锅的单品直播脚本

项目	宣传点	具体内容
品牌介绍	品牌理念	强调电饭锅品牌、品质，企业创始人创办企业的动机、经历、精神，商品开发的历程等
商品卖点	商品基本属性	突出电饭锅产地、价格、颜色、型号、大小、用途、材料、工艺、文化内涵、包装等
直播利益点	商品促销信息，强调性价比	①开场满送（开播前为了聚集人气，设定直播间人数满一定数量抽奖） ②整点抽奖（每到整点截屏抽奖，让用户持续关注） ③优惠券促销（在直播间氛围不佳时推出，可有效提高人气） ④问答抽奖（在直播间设定问题，用户答对可参与抽奖）

🎓 小提示

一个直播脚本的质量需要通过真实的直播来验证；所以每次直播后，直播营销团队都需要及时复盘不同阶段的数据和问题，分析直播在不同节点的优缺点，进而对脚本进行改进和优化。通过多次直播的锤炼，直播营销团队可形成一套适合直播间的脚本制作策略，让脚本高效地为直播服务，帮助商品销量不断提升。

3.4.3　整场直播脚本策划

一场直播通常会持续几个小时，在这几个小时里，主播先讲什么、什么时间互动、什么时间推荐商品、什么时间送福利等，都需要提前规划好。因此，直播营销团队需要提前准备好整场直播脚本。

整场直播脚本是对整场直播的内容与流程的规划与安排，重点是规划直播中的玩法和直播节奏。整场直播脚本的内容，一般包含直播主题、直播目标、主播介绍、直播时间、注意事项、人员安排、直播流程等。整场直播脚本的内容如表3-7所示。

表3-7　整场直播脚本的内容

直播脚本内容	具体说明
直播主题	从用户需求出发，明确直播的主题，避免直播内容没有营养
直播目标	明确直播要实现何种目标，如是积累用户、提高用户进店率，还是宣传等
主播介绍	介绍主播的名字、身份等
直播时间	明确直播开始、结束的时间
注意事项	说明直播中需要注意的事项
人员安排	明确参与直播人员的职责，例如：主播负责引导关注、讲解商品、解释活动规则；助理负责互动、回答问题、发优惠信息等；客服负责修改商品价格、与用户沟通、实现订单转化等
直播流程	直播流程要非常具体，要详细说明开场预热、商品讲解、抽奖或发福利、用户互动、结束直播前送出小礼品、下一场直播预告等环节的具体内容。例如，什么时间讲解第一款商品、具体讲解多长时间、什么时间抽奖等。直播营销团队应尽可能把时间都规划好，并按照规划来执行

🎓 小提示

优秀的整场直播脚本必须考虑细节，让主播从上播到下播都有条不紊，让每个参与人员、道具都得到充分的调配。

3.4.4　活动脚本策划

当商家和主播确定好直播脚本的方向后，为了使直播更好地进行，还需要制定清晰而明确的活动脚本。这样便于工作人员对活动有明确的认知，并判断其可操作性。在这个部分，所有参与直播的工作人员需要清楚地了解活动策划要点、活动类型以及商品卖点和直播节奏，以便后续更好地开展直播营销工作。

活动脚本策划

1. 活动策划要点

脚本策划人员在制作脚本时，可以根据实际情况，考虑一次制作完一周的直播脚本。这种节奏便于主播、其他工作人员进行时间安排，同时也能使一周的直播任务衔接得当。

除此之外，在策划活动脚本时，可以把活动的安排细化到具体时间段，如表3-8所示。这样可以避免出现主播在直播中对商品的展示介绍速度过快或过慢，导致整个直播节奏被打乱，以及忽略和粉丝的沟通互动等情况。

表3-8　活动脚本里具体时间段的安排

时间安排	直播模块	模块说明	福利发放	互动说明
20:00～20:10	开场与粉丝日常交流	寒暄、日常问候	关注主播有红包	欢迎、鼓励点爱心、邀请关注
20:11～21:10	商品介绍	全方位展示商品、介绍商品卖点	—	鼓励粉丝转发直播
21:11～21:20	抽奖促销活动	用户下单随机抽奖	—	鼓励粉丝关注直播间、转发直播
21:21～22:00	特价活动	活动介绍，如买二送一	发店铺优惠券/抽奖送礼	福利领取指导

2. 活动类型

常用的活动类型有以下两种。

（1）通用活动。这种活动力度中等，主播可以单日或长期重复使用，活动形式包括关注主播送5元优惠券、点赞满5000次送优惠券、分享直播送优惠券等。图3-18所示为直播间设置的通用活动。

直播中不同的时间段有什么通用活动，都需要在脚本中明确，这样主播才可以从容地对用户进行引导，延长用户停留的时间，从而提高直播间的流量。

（2）专享活动。这种活动力度较大，可以设置成定期活动，图3-19所示为直播间的专享活动。这种大力度的周期活动不要求每天都进行，但活动力度一定要大，这样才可以有效提高用户的参与度，活动的数量则可以根据当日直播间的在线人数来确定。同时，这种大力度活动可以加深用户对直播间的印象。

图3-18　通用活动

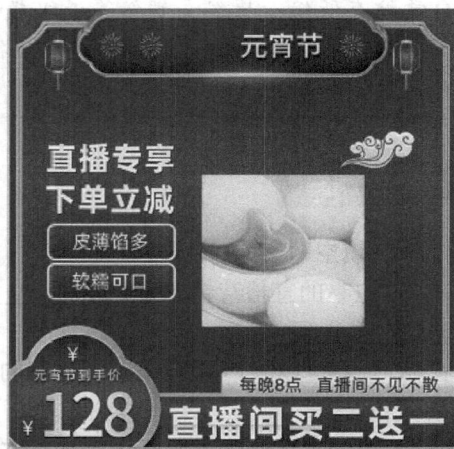

图3-19　专享活动

3. 商品卖点和直播节奏

直播间的商品可以分为"爆款"、新品、常规、清仓这几种类型。主播需要对不同类型的商品进行卖点提炼，同时，要在直播脚本上安排固定的时间段进行商品推荐和讲解。图3-20所示为清仓商品直播，图3-21所示为新品上架直播。商品流行的款式、风格一直在不断变化，主播需要不断补充相关商品知识，才可以更好地和粉丝互动，让粉丝了解商品。

如果主播在开播前没有熟悉直播流程和商品信息，就容易让直播间处于尴尬冷场的境地，扰乱直播过程中商品推荐、销售的节奏。

图3-20　清仓商品直播

图3-21　新品上架直播

素养提升

网络主播在传播科学文化知识、丰富精神文化生活、促进经济社会发展等方面，肩负重要职责、发挥重要作用。网络主播应当坚持健康的格调品位，自觉摒弃低俗、庸俗、媚俗等低级趣味，自觉反对流量至上、畸形审美、拜金主义等不良现象，自觉抵制违反法律法规、有损网络文明、有悖网络道德、有害网络和谐的行为。

本章自测题

一、填空题

1. 完整的直播营销方案包括＿＿＿＿＿＿、＿＿＿＿＿＿、＿＿＿＿＿＿、＿＿＿＿＿＿、＿＿＿＿＿＿五大要素。

2. ＿＿＿＿＿＿是直播营销方案的中心，本质作用就是告诉观者直播的主要内容是什么。

3. ＿＿＿＿＿＿是直播营销方案在执行层面的进一步细化，以明确每个阶段的具体工作是什么、什么时候完成、负责人是谁等。

4. ＿＿＿＿＿＿＿＿＿＿＿是围绕单个商品设计的直播脚本，核心是突出商品卖点。

5. ＿＿＿＿＿＿＿＿＿＿＿是对整场直播的内容与流程的规划与安排，重点是规划直播中的玩法和直播节奏。

二、选择题

1. 直播营销方案首先需要传达（　　），告诉团队成员，通过这场直播需要完成的销售量、观看人数、转化率、成交金额等目标。

A. 直播目标　　　　　　　　　　　B. 直播思路

C. 直播的时间节点　　　　　　　　D. 直播的预算

2. （　　）负责引导用户、介绍商品、解释活动规则。

A. 助理　　　　　　　　　　　　　B. 主播

C. 客服　　　　　　　　　　　　　D. 场控

3. （　　）能够有效避免"大头画面"的出现，让直播画面更加完整，更加具有空间感。

A. 手持稳定器　　　　　　　　　　B. 固定器

C. 自拍杆　　　　　　　　　　　　D. 三脚架

4. （　　）在很大程度上可以让直播有条不紊地进行。

A. 明确直播主题　　　　　　　　　B. 调度直播分工

C. 制定直播方案　　　　　　　　　D. 把控直播节奏

三、简答题

1. 如何安排好直播间的人员分工？

2. 一场直播一般需要哪些方面的投入？

3. 室内直播场地的基本要求有哪些？

4. 直播场地的布置原则有哪些？

5. 什么是直播脚本？直播脚本的核心要素有哪些？

任务实训——策划直播脚本

为了更好地理解直播脚本的策划并掌握相关的基础知识，下面通过实训进行练习。

一、实训目标

1. 理解直播脚本策划的方法。

2. 掌握直播脚本使用的方法。

3. 掌握撰写单品直播脚本的方法。

二、实训内容

1. 撰写一个单品直播脚本。

2. 包括明确直播主题、直播时间节点、开场介绍、直播互动、商品讲解、拼团、特价活动等。

三、实训要求

直播全过程30分钟，各时间段都应有详尽的内容，示例如表3-9所示。

表3-9　直播脚本的时间段设置及其内容示例

时间段	直播内容
0～5分钟	拉近与用户的距离，对商品的产地、历史、口碑、销量等数据进行介绍，以吸引眼球。但先不用说具体的商品，以引起用户的好奇心和聚集用户。这个时间段应该先预热，如果一上来就卖货，效果反而不好
6～7分钟	这个时间段应该宣布一个重大的福利，如抽奖活动、整点发红包等。而且这些福利要在整个直播过程当中，见缝插针地给用户反复讲
8～12分钟	这个时间段开始强调商品的一些功能属性，尤其是要向用户分享商品案例。商品案例可以通过图片的形式呈现，也可以将用过商品的用户请到直播间来给大家讲解。这个时间段基本上是通过反复送福利加上商品案例，来起到锁客的作用
13～16分钟	这个时间段就要列出商品的一些证书，如三证、获奖证书，用这些资料说服用户，把商品的差异化优势描述出来
17～27分钟	这个时间段一定要强调突出商品的性价比、独特的优势
28～30分钟	这个时间段利用拼团、特价购等活动，将整个直播的气氛推到极高点

第4章

直播营销商品规划

直播营销需要注意的环节有很多，如商品规划。选择合适的商品非常重要，商品选得好，转化率才会高。本章主要讲述直播选品和测品、打造热销商品、直播商品定价、直播间商品陈列方式、直播间商品配置、标品与非标品的不同展示方式等内容。

【教学目标】

知识目标	☑ 熟悉直播选品基础知识
	☑ 熟悉如何打造热销商品
	☑ 熟悉直播间商品陈列方式
	☑ 熟悉标品与非标品的不同展示方式
技能目标	☑ 掌握选品的渠道和策略
	☑ 掌握直播商品定价方法
	☑ 掌握直播间商品配置
素养目标	☑ 培养对国货的自信、对中国制造的自信
	☑ 培育民族自豪感

【引导案例】

直播"带货"的副县长

商河"80后"博士副县长王帅，为了推销扒鸡走进了直播间。直播中，他表情夸张，一边吃着扒鸡，一边介绍扒鸡。在大家的点赞和转发中，他直播间扒鸡的销量节节攀升，平时需要半年才能达到的销量，通过直播营销不到一天就实现了。

王帅并不是商河县直播卖货的第一人，在2019年1月，商河县副县长陈晓东在网上卖商河年货，是山东省第一个成为"网络红人"的副县长。他创下了"10秒卖出100个瓜""1小时销售额突破20万元"的直播销售纪录。

有很多人对镜头有点畏惧，面对镜头时会不自然，甚至说话也会结巴，王帅也是如此。但是为了带动直播间销量，他在每次直播之前，都会研究其他主播的直播方式，并分析销售数据，了解什么样的商品比较好卖、什么样的包装更受消费者青睐，并且还会了解自己所推荐的商品具有哪些优点，对于这些商品，消费者更想知道的是什么，如果自己是消费者，会想了解什么。当完全搞懂这些问题后，他直播起来也就没那么犯怵了。

王帅从一个直播新手成为"网络红人"，他的故事值得所有的企业借鉴学习。如果一个企业没有与"网络红人"或者艺人合作的预算，也可以通过自己的人员储备寻找合适的主播。

商河县在领导干部的带头示范下，全县上下掀起直播热潮，越来越多的人走进直播间，宣传推介商河好物，手机变成新农具，数据变成新农资，直播变成新农活，主播变成新农人，粉丝变成新农友，网络变成新农田。直播助力农产品销售额达到近1亿元，线上吸引5亿人围观。

思考与讨论

（1）地方政府如何利用直播营销销售地方特色商品？

（2）如何选择直播商品，有哪些渠道？

4.1 直播选品和测品

直播选品和测品

常言道，"巧妇难为无米之炊"。没有好的商品，要打造高关注度、高销量的直播间，基本是不可能的。接下来将讲述选品的原则、渠道和策略等内容。

4.1.1 选品的原则

课堂讨论

假如你想直播"带货"，你觉得应该怎样选择商品呢？选择商品的渠道有哪些？

选品指的是通过相关方法选择适合直播的商品。选品至关重要，甚至可以说是直播营销的关键环节。如果商品没选好，直播间人气再高，也可能会出现零转化的情况。

直播间选品的基本原则有以下几点：选择高性价比的商品、选择高匹配度的商品、选择具有独特性的商品、选择需求及时的商品、选择应季的商品和选择品质有保障的商品，如图4-1所示。

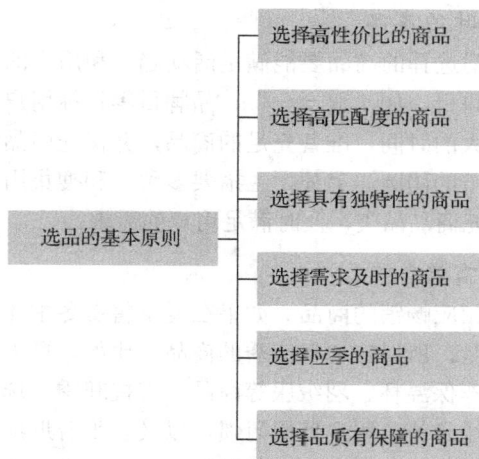

图4-1　选品的基本原则

选择高性价比的商品

选择高匹配度的商品

选择具有独特性的商品

选择需求及时的商品

选择应季的商品

选择品质有保障的商品

选品的基本原则

1. 选择高性价比的商品

选择高性价比的商品有助于把粉丝长时间留在直播间，并且有利于避免出现主播信任危机。不管在哪个平台，选择高性价比的商品都会在直播营销中更占优势。很多头部主播会给粉丝低价且无条件退换的福利，这一方面最大限度地保障了粉丝的权益，另一方面也让粉丝对主播产生了极高的信任感，提高了回购率。所以在挑选商品的时候要做好调查，选择性价比高的商品，吸引用户前来购买。

小提示

说到性价比，很多人会把这个概念等同于便宜，这是不对的。虽然大部分人都喜欢廉价的商品，但事实上，性价比高的商品并不意味着便宜，而是要让用户觉得实惠放心。

可以选择淘宝皇冠店铺、天猫店铺、确保店铺DSR（卖家服务评级系统）评分不低于行业均值的商品。不管是哪个直播"带货"平台，高性价比商品都会在直播"带货"中更占优势。

2. 选择高匹配度的商品

无论是达人主播还是商家主播，都要让商品和主播相匹配。这样一方面主播对商品的熟悉度较高，另一方面商品也符合用户对账号的预期，有助于提高商品的转化率。比如，未婚年轻女孩直播销售母婴用品相对缺乏说服力；同样，如果商品定位的用户群体是青年群体，就不适合让一个年龄相对较大的主播进行直播。

3. 选择具有独特性的商品

独特性的商品一般是指直播间独家商品或者是某品牌定制的商品，具有唯一性或稀缺性。这种商品可以增加用户的好感度，同时增加粉丝的黏性。

4. 选择需求及时的商品

在直播期间，主播选择的商品要能满足活动趋势和用户的需求。满足活动趋势是指主播要在核心销售日，如"双十一"、品牌日等目标用户人群集中、购买力和销售价值高、影响力大的时间，准备充足的商品，并保证商品符合活动的主题，如七夕节的浪漫、中秋节的团圆。另外，主播要多留意和搜集用户想要在直播间看到的商品，然后据以补充商品品类，及时满足用户的需求。

5. 选择应季的商品

每一个季节都有相应畅销的商品。如果在夏季售卖冬季才会使用的商品，一般情况下不会有多少销量，所以应选择应季的商品。比如，夏天推荐空调、小风扇、凉席等商品，冬天推荐保温杯、羽绒服等商品。把握旺季，选对商品是关键。直播营销团队可以根据市场趋势、用户使用习惯，以及多平台近期的历史销售记录，挑选出具有销售潜力的商品。例如，夏季紫外线强，防晒产品需求高涨，促进防晒商品成交更容易。

6. 选择品质有保障的商品

在选择商品时要考虑品质较好、质量过硬的商品。主播需要对商品本身进行深入的了解与分析，包括企业的发展历史、商品的特点、用户、竞争对手、行业信息等，只有用户反馈好的商品才能畅销，也才能得到更多用户的青睐。纵观当下，直播受众以年轻群体为主，他们的品牌意识较强，很多人会因为商品质量和主播的信任背书而成交。

4.1.2 选品的渠道

选品的渠道分为线上渠道和线下渠道两种，各有优劣，需要商家结合自身实际进行选择，如图4-2所示。

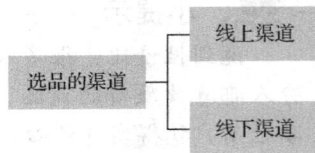

图4-2　选品的渠道

1. 线上渠道

线上渠道的优点就是商家没有囤货的压力，发货比较省时省力，方便且快捷；缺点是有时候无法看到实物，商家不容易控制商品的质量。目前，线上渠道有以下3类。

（1）直播电商平台官方仓库。例如，抖音的精选联盟、快手的快分销等。2021年11月30日，快手将好物联盟升级为快分销。相比好物联盟，快分销有两大调整：一是降低品牌和商家开通快分销的门槛，让更多优质品牌和商家加入快分销体系，进一步丰富供给；二是对商品进行了精细化分层，通过算法选出优质商品，并为其匹配更多权益。快分销是快手电商提供的达人变现平台。图4-3所示为快分销。从本质上看，快分销是快手的优质商品选择平台。快分销为平台内的达人、商家、团长三方提供一个好的衔接窗口来帮助转化率提高。

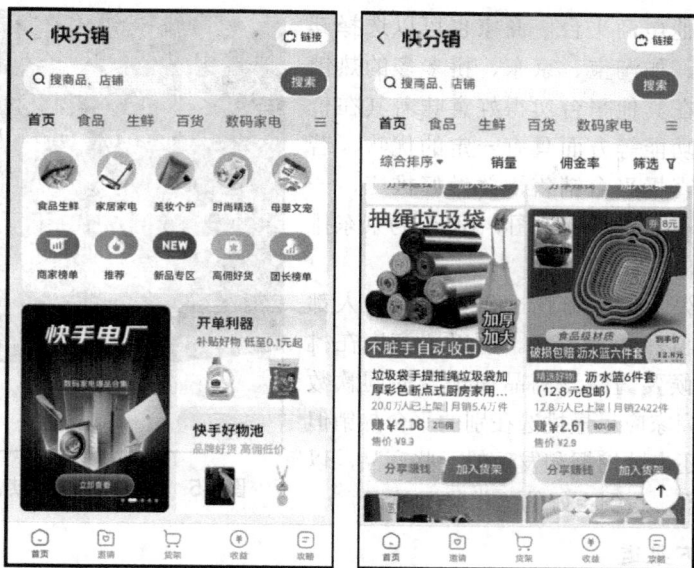

图4-3　快分销

🎓 小提示

　　线上渠道一般对主播的"带货"能力要求比较高，如果主播的粉丝数不多，销售能力也不强，那么能选择的商品就非常少。

　　（2）批发网站。批发网站是很多新手商家都会选择的选品渠道。比较知名的是阿里巴巴批发网，如图4-4所示。该平台有很多一手货源，拿货会比较便宜，有些商品还支持一件代发。

图4-4　阿里巴巴批发网

（3）其他电商平台。商家也可以选择其他电商平台，如淘宝、京东、拼多多的热销商品。商品在其他平台卖得好意味着其在价格、款式、功能等方面具有一定的优势，若在商家所在直播平台销售，并做好推广，一般也能取得不错的销量。图4-5所示为京东排行榜中热销的商品。

图4-5 京东排行榜中热销的商品

但线上渠道的劣势在于，畅销品人人都想卖，竞争自然就会很大。所以，商家在挑选商品的时候要清楚该商品在平台的同款数量有多少。商家应尽量挑选在别的平台热销但在直播平台还未被挖掘和发现的一些商品，以减少流量竞争，达到更好的"带货"效果。

2. 线下渠道

线下渠道比较适合有一定资金的商家，这些商家可根据情况控制货源，把控商品质量。但是，商家选择线下渠道囤货压力会较大，还会增加一些额外的人力成本。目前线下渠道有以下3类。

（1）批发市场进货。虽然厂家提供一手货，但是其一般会与大商家固定合作，通常不会和小商家合作。批发市场的商品价格一般比较便宜，因此是商家选择较多的渠道。

（2）厂家进货。商品从厂家到消费者手中，要经过许多环节，其基本流程是：原料供应商—厂家—全国批发商—地方批发商—终端批发商—零售商—消费者。

如果商家可以直接从厂家进货，且有稳定的进货量，就能拿到理想的价格。而且正规的厂家货源充足，信誉度高，如果长期合作，商家一般都能争取到商品调换和退货还款服务。但需要注意，厂家要求的起批量非常大。以外贸服装为例，厂家要求的起批量在上百件或上千件，达不到要求是很难争取到合作的。

（3）品牌积压库存进货。品牌商品在网上是备受关注的商品分类之一。很多消费者都通过搜索的方式直接寻找自己心仪的品牌商品。有些品牌商品的库存积压很多，干脆把库存全部卖给网络卖家。网络销售具有覆盖面广的特性，不少品牌商品虽然在某一地域属于积压品，但在其他地域可能成为畅销品。

4.1.3 选品的策略

要想直播"带货"，首先要有商品，但是商品类目繁多，主播就需要采取一定的选品策略。选品的策略具体如下。

1. 根据用户画像选择

用户画像是根据用户的社会属性、生活习惯和消费行为等信息而抽象出的一个标签化模型。构建用户画像的核心工作即给用户贴"标签"，而标签是通过分析用户信息得到的高度精练的特征标识。

例如，如果某些用户经常在直播平台购买玩具，那么直播平台就会根据用户买玩具的情况给该用户贴上"有孩子"的标签，甚至还可以判断出孩子的大概年龄，贴上"有3~6岁的孩子"这样更为具体的标签。而所有这些标签综合在一起就形成了用户画像，如"3~6岁孩子的家长且经常买玩具"。根据这样的用户画像，主播就可以选择3~6岁孩子的玩具作为直播销售的商品。

用户画像一般由性别、年龄、地域、职业、消费偏好、消费承受力、消费周期等组成。商家可以从用户画像中了解很多信息，并根据这些信息挑选相应的商品。不同的用户群体需要的商品类型不同。例如，如果用户以男性居多，主播最好推荐科技数码、游戏、汽车用品、运动装备等商品；如果用户以女性居多，主播最好推荐美妆、服饰、居家用品、美食等商品。只有选择符合用户画像的商品，转化率才会高。

2. 根据主播人设选择

把合适的商品交给合适的主播来卖，才能卖得更好，这是直播"带货"的基本道理。主播如果对美妆比较熟悉，那就尽量选择与美妆相关的商品。这样一方面能确保主播对商品的熟悉度较高，另一方面也符合用户对主播的预期，有助于提高商品转化率。

主播首先要打造好自身人设，根据自身的性格、讲话方式、兴趣爱好、专业技能，塑造一个特点鲜明同时又能跟商品匹配的形象。

图4-6所示为美食主播选择烧饼里脊作为"带货"商品。该美食主播就拥有一个专业性特别强的人设，很多喜欢美食的用户都会去看他的直播。这种人设一旦建立起来，用户对其的信任度是很高的，所以该美食主播可以选择与其人设相匹配的烧饼里脊作为"带货"商品。

图4-6　美食主播选择烧饼里脊作为"带货"商品

3. 根据用户购买心理选择

分析用户的购买心理是为了预测用户的购买行为，以便选择适合用户的商品。

（1）适用。适用即求实心理，立足于商品的基本效用。具有这类心理的用户在选购商品时不过分强调商品的美观性，而以朴实、耐用为主。在适用心理的驱使下，这些用户偏重商品的性能，而将其外观、价格、品牌等放在次要考虑的位置。

（2）经济。经济即求廉心理，在其他条件大体相同的情况下，价格往往成为左右用户是否购买某种商品的关键因素。打折、拍卖等活动之所以能牵动大量用户的心，是因为这类用户存在求廉心理。

（3）可靠。用户总是希望商品在规定的时间内能正常发挥其使用价值，可靠实质上是"经济"的延伸。品牌商品在激烈的市场竞争中具有优势，就是因为其具有可靠的质量。所以，具有远见的商家总是在保证质量的前提下打开商品销路。

（4）安全。随着科学知识的普及、经济条件的改善，用户对自我保护和环境保护的意识增强，安全性越来越多地成为用户选购某一商品的动机。绿色商品具有十分广阔的前景，就是因为这一用户购买心理的存在。

（5）审美。爱美之心，人皆有之，美感也是商品的价值之一。抱有审美心理的用户在选购商品时不以使用价值为中心，而是注重商品的格调和个性，强调商品的艺术美感。

（6）好奇。所谓好奇心理，是对新奇事物和现象产生关注和爱好的心理倾向，也可称作好奇心。在好奇心理的驱使下，用户会尝试没见过或没用过的商品。

（7）求新。抱有这种购买心理的用户在选购商品时尤其重视商品的款式和当前的流行样式，追逐新潮，对于商品是否经久耐用、价格是否合理则不大考虑。

（8）从众。某些用户在购物时容易受别人的影响，如见到许多人正在购买某种商品，他们也极可能加入购买的行列，或者别人说某种商品好，他们很可能决定购买，别人若说某种商品不好，则他们很可能放弃购买。

4. 根据市场热点选择

与短视频内容要贴合市场热点的逻辑类似，直播"带货"的选品也可以贴合市场热点。如端午节时吃粽子，中秋节时吃月饼，或某段时间某知名艺人或直播达人带火了某款商品，这些都是主播可以贴合的市场热点。

用户当下对这些商品保持了高度关注，即使不买也会在直播间热烈地讨论相关话题，从而提高直播间的热度，吸引更多用户进入直播间，这在一定程度上会提高其他商品的销量。

4.1.4 选品的依据

不管是短视频还是直播"带货"，影响销量的重要因素之一都是选品。商家通常会根据一些标准来选择商品，这就是选品的依据。选品的依据如图4-7所示。

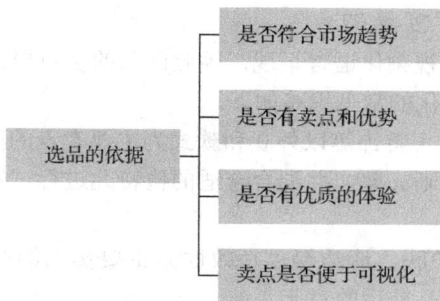

图4-7　选品的依据

1. 是否符合市场趋势

选品的第一步是观察市场趋势，市场趋势是对消费者需求变化的验证。

（1）品类整体趋势。如果品类整体销售额在快速上升，那说明消费者对此类商品的需求在扩大，即该品类有广阔的市场空间。

（2）细分卖点的趋势。细分卖点的趋势涉及新款式、新技术、新成分、新口味等。如果商家选择的商品拥有符合上升趋势的卖点，就更容易在竞争中胜出。

（3）价格趋势。有的品类趋向于走平价路线，有的品类则逐渐高端化。商家了解价格趋势可以更好地了解需求人群的购买力，从而选择价格合理的商品。

（4）讨论热度和热点话题的趋势。在直播营销的内容环境中，商品本身的讨论热度为商品带来了曝光，商家可以根据热点话题来选择商品，借助话题热度吸引更多关注。

2. 是否有卖点和优势

明确的商品卖点和优势可以用作主播的销售话术，推动消费者购买商品。一些常见的商品卖点和优势如下。

（1）独特性。人无我有的卖点，让商品本身难以被替代。

（2）比较优势。人有我优的商品优势，通过与其他商品进行对比分析自己商品的优势。

（3）质量背书。如权威检测/认证等从侧面展现商品的资料。

3. 是否有优质的体验

（1）商品能提供优质的体验可以带来良好的口碑，为品牌获取免费的UGC（用户生成内容）曝光机会。

（2）商品能提供优质的体验可以带来更高的店铺和商品评分，而高评分可以让店铺获得更多的自然流量。相反，店铺和商品评分过低则会导致店铺被限流。

（3）商品能提供优质的体验容易保持稳定的复购率，为品牌带来忠实的粉丝，创造长期收益。

4. 卖点是否便于可视化

由于直播中商品用视频化语言呈现，因此商品的卖点要便于可视化，才能真正吸引消费者。卖点可视化的常见思路如下。

（1）展现服装、珠宝首饰等以外观和款式为主要卖点的商品，通常需要设置合适的机位，确保商品清晰完整，并配合合适的模特儿进行试穿试戴，充分体现商品的设计优势。

（2）展现美妆、护肤、清洁等以功效性为主要卖点的商品，可以通过现场试用、讲解，突出使用商品前后的对比。

（3）展现生鲜等商品，可以通过现场试吃来突出感官体验，通过近景拍摄色泽、质地来强调商品质量。

4.1.5 测品的方法

在直播选品时，商家还需要通过充分的测品来验证商品的销售潜力。常用的测品方法有以下几种，如图4-8所示。

1. 制作并发布短视频

商家将待测商品根据不同销售话术、不同展示场景制作成多组"带货"短视频同步发布，根据短视频的点击、转化数据等可以了解该商品的销售潜力，同时也能够对不同

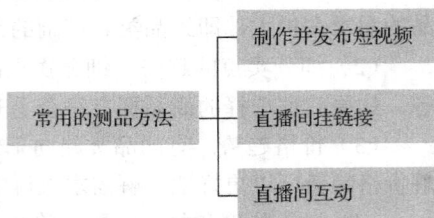

图4-8　常用的测品方法

的销售话术和展示场景进行潜力判断。当有多款相似商品需要确定优先级时，商家也可以为它们制作相似的短视频进行"带货"测试，从中选取销售情况更佳的商品作为销售主力商品。

2. 直播间挂链接

直播间挂链接是指在直播过程中，同步上架几款备选商品，在不对其进行讲解的情况下观察它们的自然点击和转化数据。这是一种较为简单且低成本的测品方法，其优势在于商家可以根据测试结果选品。当有一款备选商品的自然点击和转化数据较好时，商家可以临时安排主播对这款商品进行讲解，进一步测试其销售潜力。

3. 直播间互动

在直播过程中，主播可以通过主动向用户提问的方式来了解用户的需求。比如主播可以描述一个具体的生活场景并提示痛点，让用户回答是否会在生活中遇到这样的场景，如果用户的反响强烈，则说明解决对应痛点的商品有较大的销售潜力。直播间互动的方式不仅能够让主播了解用户的需求，也能够让用户获得更强的参与感。

中国的国力越来越强盛，文化自信愈加坚定，这样的背景对当代年轻人产生了一种很强的时代感召，年轻人应建立属于这个时代的文化归属感，彰显自己所在群体和其他社会群体的不同。

4.2　打造热销商品

打造热销
商品

热销商品即销量很高且供不应求的商品。这类商品具有很高的人气，无论是在线下商铺销售还是线上直播销售都有很高的销量。接下来介绍打造热销商品的方法。

4.2.1　打造热销商品的前期工作

打造热销商品需要一系列营销过程，任何一点都是不容忽视的，其中前期工作尤为关键。可以说前期工作决定了商品的发展方向。下面就为大家介绍一下打造热销商品的前期工作，如图4-9所示。

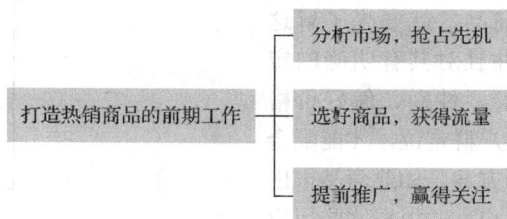

图4-9　打造热销商品的前期工作

1. 分析市场，抢占先机

做数据分析时要有长远的目光，要有前瞻性，只有这样，选择的商品上架时才能赶上销售的旺季，否则其将失去成为爆品的机会。只有做好市场分析，所选的商品才有机会在众多商品中脱颖而出；再结合促销手段，商品成为爆品的概率就会大大提升。

2. 选好商品，获得流量

选择商品时一定要注意性价比，因为一款商品想要热销，首先质量要好，其次是价格不可过高，所以性价比就显得尤为重要。

在选择商品时不可忽视的还有款式。热销商品的款式要符合流行趋势。要想抓住流行趋势，可将所选的几个款式同时上架，并保证每个款式获得的流量是一致的，过一段时间后，选出成交量最大的商品，将其定为具有"爆款"潜质的商品进行推广。

3. 提前推广，赢得关注

当商品上架后，便可着手准备商品的推广，如此才能在后续的竞争中得到消费者的关注。商品的推广一定要提前，要早于直播开播时间，如此才能收获较好的效果。并且在推广的过程中，商家要随时关注各类热点，根据热点对推广方式进行调节，这样才能做到有的放矢。

4.2.2 热销商品的特点

热销商品之所以备受追捧，是因为其不仅可以迅速提升业绩、带来利润，还可以吸引大量客流，带动其他商品的销售，可谓一举两得。销售一款商品很容易，但要使这款商品成为热销商品，则其需要具备以下特点，如图4-10所示。

1. 明确定位目标用户群

每一款商品都有不同的用户群，要将商品打造成热销商品，就要先了解这款商品的用户群，并且对其有明确的定位，如用户群的年龄、性别、偏好价格等。先要有明确的用户群定位，才能配合商品做出合适的营销方案，如此商品推出的初期才能有原始用户，并根据这些用户的反馈适当调整商品的营销方式。

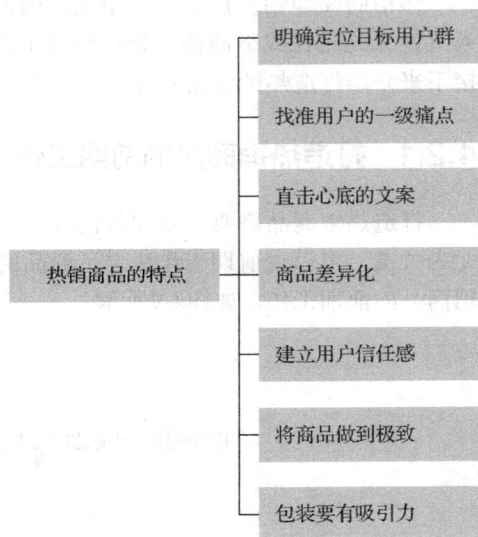

图4-10　热销商品的特点

🎓 **小提示**

目标用户群并不是根据个人的想象来确定的，而是需要根据前期的数据严格筛选。唯有确定了目标用户群，一款商品才能吸引更加精准的目标用户。

---

2. 找准用户的一级痛点

所谓一级痛点，即用户对品牌、品质、性价比、售后服务的要求。只有了解这些要求，才能采取不同的应对策略，打动用户，促使他们做出购买决定。

3. 直击心底的文案

在平时的生活中，我们经常会听到一些简单却让人难忘的广告语，如"果冻，我要喜之郎"等。这些广告语通俗易懂，却又突出了商品的卖点，就算不买这些商品，也会记住它。而如果要买这类商品，用户首先就会想起这些广告语。这也就说明，广告文案不需要多么有深度，要通俗易懂、朗朗上口，直击用户心底，能够一次性给用户留下深刻的印象。

4．商品差异化

商家的核心需求就是用户能够选择自己的商品或者服务，那么商品必然要为用户创造足够的价值。商品差异化的目的是满足用户不同维度的需求，差异化可以体现在包装、价格、性能等多种维度上。

5．建立用户信任感

信任感即个体对周围的人、事、物感到安全、可靠、值得信赖的情感体验。当用户对一款商品建立了信任感，用户需要这类商品时，会想到这款商品。比如想喝凉茶时很多人会想到王老吉；而想吃辣椒酱时，很多人会想到老干妈。这就源于信任感，所以信任感是商家必须打造的。打造信任感可从权威证书、用户证言，以及相关的测试证明数据等方面入手。

6．将商品做到极致

商家打造热销商品时，需要将商品做到极致。所谓做到极致，并不是指投入很高的成本、很多的时间，而是在同样成本的情况下生产出品质更优的商品，如此才能做到人有我优，商品才能更有竞争力。

7．包装要有吸引力

现在有很多雷同的商品，想要凸显出它们的不同之处，就得在包装上下功夫，使商品的包装更加有特色，这也是商品差异化的一方面。

网上销售的商品更应该讲究包装，因为如果用户购买了这款商品，它就需要经过运输环节。如果在包装上没有尽心，很有可能用户拿到手时，这款商品已不是本来的模样。而如果这款商品有良好的包装，对远途运输也有良好的承受力，并且包装的设计也非常有视觉冲击力，那么用户拿到手时的心情就会很好。

4.2.3 热销商品生命周期

商品生命周期是指一种商品从开始进入市场到被市场淘汰的整个过程。一般来说，热销商品的生命周期包括导入期、成长期、成熟期和衰退期四个阶段，如图4-11所示。

1．导入期

导入期就是指商品刚上架的时候。商品刚进入市场，用户对商品不甚了解，商品销量少，这是个非常重要的时期。导入期最主要的事情是检验用户能否接受这款商品，并且确定这款商品能否成为热

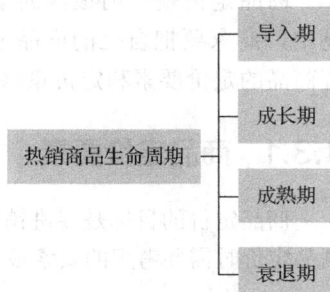

图4-11 热销商品生命周期

销商品。在这个时期的转化率如果较高，就代表这款商品有可能成为热销商品，接下来就可以为商品引入大量的流量。

在这个时期值得注意的事情之一是，一开始商家无须以较大的投入来刺激流量，只需要保持基本的流量。

2. 成长期

当商品处于成长期时，用户已经了解和熟悉该商品，商品销量增加、利润上升。成长期是商品流量和成交量增长最快的时期，商品能否成为热销商品，主要看商家的操作。

在这个时期，商家需要增加在营销上的投入，加大对商品的推广力度，并且还要观察这款商品在这个时期的成长速度，以避免出现商品成长缓慢，而投入太多的情况。

3. 成熟期

当商品处于成熟期时，商品已为用户所接受，销量稳定，甚至达到顶峰。商家在进行大力度推广的同时，需要尽可能地参加各种促销活动，引入更多的流量，同时促进关联销售。

有很多商家在成熟期依然会专注于营销，但在这时也应该使用户关注自己的店铺、直播间，吸引回头客。

4. 衰退期

当商品处于衰退期时，商品销量迅速下降、利润减少，在这个时候商家纵使维持前期的推广力度，流量依然会下滑，直到商品被淘汰而退出市场。在这个时期，商家不能为商品投入太多时间和精力，而要开始致力于挖掘新的、有潜力的商品。

4.3 直播商品定价

直播商品定价

商品定价是一门很深的学问。在瞬息万变的市场中，商家要把自己的商品成功销售出去，必须掌握商品的定价要素和定价策略。

课堂讨论
直播商品如何定价？
商品定价要素有哪些？

4.3.1 商品定价要素

商品定价的目标是促进销售、获得利润，因此在商品定价时需要考虑的要素很多，具体来说，要特别注意以下要素，如图4-12所示。

1. 商品成本

成本是制定商品价格的重要因素，可以以商品成本加上一定的盈利来确定商品

价格。商品成本除了商品本身的成本之外，还包括物流仓储成本、平台佣金、人力成本、营销推广成本等。在正常情况下，即在市场环境的许多因素趋于稳定的情况下，运用这种方法能够保证商家获取正常利润。同时，同类商品在各店的成本和利润率都比较接近，定价不会相差太大，相互间的竞争不会太激烈。

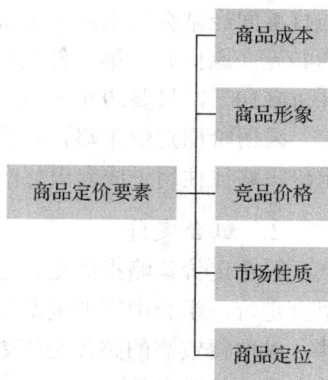

图4-12　商品定价要素

2. 商品形象

一些历史悠久的品牌店铺，商品品质优良、服务周到，已经有一定的知名度，用户在逢年过节要买礼品送人时，会想到这些店铺，因此其商品定价可以稍高一些。

3. 竞品价格

用户在选择同类商品时，价格是很重要的一个影响因素，因此商品定价时也要参考竞争对手的价格。可以利用购物网站比较价格，在网站输入自己经营的商品名称，在查询结果中就可以知道同类商品在网上的报价，再仔细权衡，从而为自己的商品定价。

4. 市场性质

第一，商家要考虑用户的消费习惯，一旦用户习惯了使用某种品牌的商品，一般不会轻易改变。

第二，商家要考虑销售市场的大小。销售商品时，商家要准确定位自己的消费群体，要了解由消费群体决定的市场走向。

5. 商品定位

在给商品定价时，商家还要考虑商品定位。商品定价可以拉开档次，有高价位的商品，也有低价位的商品。有时为了促销，甚至可以将一两款商品按成本价出售，以吸引眼球、增加人气。例如，引流款和活动款商品要求有比较明显的价格优势，往往利润空间较小，而利润款和形象款商品相对来说利润空间较大，定价偏高。

4.3.2　商品定价策略

商品价格是影响用户下单的重要因素。商品定价策略直接影响用户的消费意向。一般来说，常见的商品定价策略有以下几种，如图4-13所示。

1. 阶梯定价

阶梯定价是指按照不同的购买数量定不同的价格。购买一定数量内的商品是一个价格，超过一定数量之后是另一个价格，买得越多，价格越便宜。一些知名主播的直播间经常会采用阶梯定价策略，如：第一件商品为49元（原价）；第二件便宜10元，只要39元；第三件再减10元，只要29元……

采用阶梯定价策略，特别能刺激用户消费。阶梯定价策略往往用于成套出售商品。

2．组合定价

组合定价策略指的是为了迎合用户心理，对商品组合定价，组合中有的商品的价格高一些，有的低一些，以取得较高的整体经济效益。这种策略适用于互补商品或关联商品。

商品组合中的低价商品和高价商品应有关联，这样很容易给用户带来直接的价值感。如果低价商品与高价商品相互依存并配合得当，那么效果更佳。

例如，某款卸妆水在品牌店或电商平台卖××元一瓶，但在直播时用户花同样的价格可以得到两款商品——一瓶卸妆水和一盒卸妆棉。虽然主播也可以搭配其他商品，如奶茶粉、水果等，但不如卸妆棉实用。因为用户在使用卸妆水的过程中，会用到卸妆棉。主播这样做可以让用户感受到一种被关爱、关心的感觉。在保证质量的前提下，即使商品组合定价稍微高些，用户也会接受。

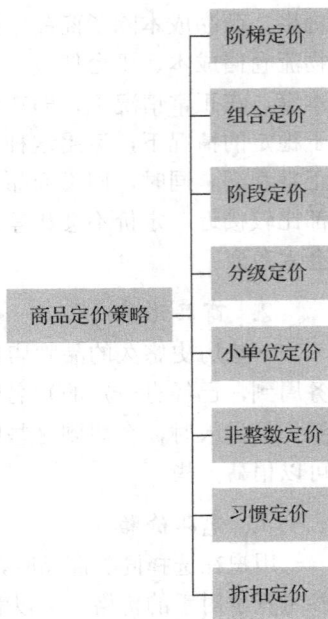

图4-13　商品定价策略

3．阶段定价

阶段定价是根据商品生命周期定价的一种策略。商品的生命周期分为导入期、成长期、成熟期、衰退期4个阶段。对同一商品的不同阶段可制定不同的价格，例如，商品在衰退期时定价可以成本为导向，如果商品的直接成本高于市场价格，那么可以考虑让该商品退出市场。

4．分级定价

分级定价是指在制定商品价格时，把同类商品分成几个等级，不同等级的商品定不同的价格。这种策略使用户产生一种按质论价、货真价实的感觉，容易被用户接受。例如，根据商品的定位不同，对引流款、利润款、形象款商品实行不同等级的定价。

5．小单位定价

定价时采用小单位，会让用户感觉商品的价格比较便宜，如茶叶每千克500元定成每克0.5元。或用较小单位商品的价格进行比较，如"使用这种电冰箱每天只耗0.5千瓦·时电，才0.2元！"

6．非整数定价

非整数定价是指定价时不取整数而取有零头的价格。实践证明，非整数定价确实能够激发用户的消费心理反应，获得较好的销售效果。如一件值10元的商品，定价9.9元，就能激发用户的购买欲望。

非整数价格虽与整数价格相近，但二者给予用户的心理信息是不一样的。

商家进了一批货，以每件100元的价格销售，可用户并未踊跃购买。无奈商家只好决定降价，但考虑到进货成本，只降了0.1元，价格变成99.9元。想不到就是这0.1元之差，用户络绎不绝，货物很快销售一空。

7. 习惯定价

习惯定价是按市场上已经形成的习惯来定价的方法。有许多日用品，由于用户时常购买，形成了一种习惯价格，即用户很容易按此价格购买，这类商品应使用习惯定价，不宜轻易变动价格。

8. 折扣定价

折扣定价是为了吸引用户购买商品所采取的一种策略，可增加对其他商品连带式的购买，例如反季折扣、团体折扣等。

4.4 直播间商品陈列方式

直播间商品陈列方式

商品陈列是烘托直播间购买氛围的手段。直播间商品陈列方式主要有主题式、分类式和组合式，如图4-14所示。

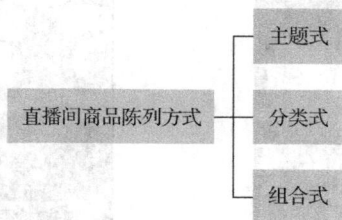

图4-14 直播间商品陈列方式

4.4.1 主题式

主题式商品陈列即结合某一事件或节日，集中陈列有关的系列商品，渲染气氛，营造一个特定的环境，以利于该系列商品的销售。主题式商品陈列的主要特征是统一，即与直播间的主题或风格保持一致。

采用主题式商品陈列的可以是一种商品，如某一品牌的某一型号的家用电器、某一品牌的服装等，也可以是一类商品，如系列化妆品、工艺礼品等。

一般来说，直播间的商品陈列主题可以分为3个类型，如表4-1所示。

表4-1　直播间的商品陈列主题

主题	分主题	具体商品
节假日	中国传统节假日	春节、端午节、元宵节、中秋节、清明节等特色商品
	文化历史节假日	儿童节、教师节、母亲节、父亲节、劳动节等特色商品
季节	春季	烧烤、防雨用具
	夏季	清凉降火、防晒、防蚊、饮料、冰棍等商品
	秋季	旅游、民宿等相关商品
	冬季	羽绒服、围巾
商品品类	零食	干果、罐头、薯片、果冻、巧克力
	服装	裙子、衬衫、牛仔裤、西装
	美妆	口红、润肤乳、眼影、面膜
	厨卫	洗涤用品、餐具

　　例如，卖食品的商家可在直播间陈列某类食品，如图4-15所示；而卖珠宝首饰的商家可在直播间陈列某种特定风格的珠宝首饰，如图4-16所示。

图4-15　陈列食品

图4-16　陈列珠宝首饰

4.4.2　分类式

分类式商品陈列是根据商品质量、性能、特点和使用对象等进行分类，然后将同一类别的商品进行集中陈列，向用户集中展示商品的陈列方法。例如，鞋子可分为皮鞋、布鞋、旅游鞋、拖鞋，也可分为男鞋、女鞋。这种商品陈列方式主要是通过品类的组合，为用户营造选择多的购物氛围，从而让用户从中购买到自己心仪的商品。

图4-17所示为分类式商品陈列，在直播间中，该商家所卖的商品品类较多，给用户提供了很多选择。

4.4.3　组合式

组合式商品陈列方式能强调商品与商品之间的紧密联系和搭配，引导用户将商品组合起来下单。商家利用好商品的组合式陈列方式不但可以提升用户的购物体验，还能提高整体销量。

图4-18所示为组合式商品陈列，商家在直播间组合展示了洗碗机、豆浆机、微波炉等商品。

图4-17　分类式商品陈列　　　　图4-18　组合式商品陈列

4.5　直播间商品配置

下面介绍直播间商品配置，包括规划商品配置比例和更新频率、把控商品价格和库存配置、直播商品上架策略。

4.5.1 规划商品配置比例和更新频率

商品配置比例是精细化商品配置的核心之一。在规划商品配置比例时，商家要了解三大要素，即商品组合、价格区间和库存配置。合理的商品配置可以提高商品的利用程度，最大化消耗商品库存。商品配置比例类型主要有两种：单品配置比例，如图4-19所示；主次类目配置比例，如图4-20所示。

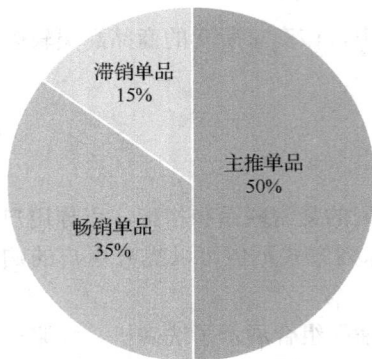

图4-19　单品配置比例　　　　　图4-20　主次类目配置比例

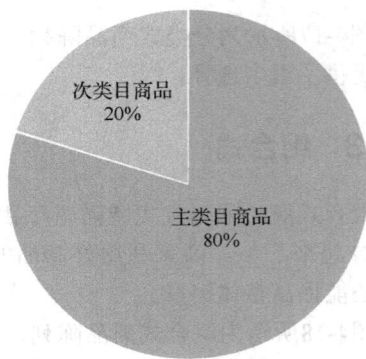

商家只需要根据直播时长等因素确定好每场直播的商品总数，然后根据以上商品配置比例做好相应数量的选品。

商家要在规划好的商品配置比例的基础上不断更新商品。为了保证每场直播的新鲜感，保持粉丝的黏性，商家要不断地更新直播内容，其中商品更新是非常重要的一部分。

小提示

一场直播中更新的商品总数至少要达到该场直播中总商品数的50%，其中更新的主推单品占50%，更新的畅销单品占35%。这样就能确保直播间每天都有较高的商品更新频率。

4.5.2 把控商品价格和库存配置

在商品需求、商品数量及更新频率都确定好的前提下，商家要进一步把控另外两大要素：价格和库存配置。

1. 价格

对于用户来说，价格是促使其停留在直播间的一个重要因素。对比各大平台头部商家"带货"时所售卖商品的单价可以发现，大多数头部商家的客单价在50～70元。该价格对大部分用户来说并不需要谨慎考虑再做出决定。

2. 库存配置

优化库存配置是优化直播效果及转化效果的一个重要措施。商家要根据当前在线人数配置不同的库存数量，使直播间销售始终保持火热的状态。

要想保持销售火热的状态，库存数量要低于在线人数的50%。如果条件允许，商家可以直接设置店铺库存来配合直播。

4.5.3 直播商品上架策略

商家要对每一个出现在直播间的商品进行定位，分析它们的销售潜力。根据商品的销售潜力、作用功能、库存状况、品类等，商家可以对商品定位。商品的分类与定位如表4-2所示。

表4-2 商品的分类与定位

商品分类的依据	商品的分类	商品的定位
销售潜力	热销款	直播营销的主力销售单品，属于销售量排在前列的热销款
	平销款	销售量尚可，具备较高的转化率，可以在某些时候代替热销款
	滞销款	销售量较低，转化率不高，属于冷门款
作用功能	引流款	性价比高，可以用于直播引流，点击率高
	折扣款	用于提高转化率，以折扣降价的利益点带动销量
	直播专享价款	性价比高，可以增加直播间用户活跃度，销量高
	利润款	用于增加利润，尽管转化率一般，但毛利率较高
库存状况	深库存款	库存较多，如果销售受到影响，会带来库存积压风险
	清仓款	库存较少，一般存在库存不足的风险，可清仓甩卖
品类	主类目款	直播营销重点销售的商品
	次类目款	可与主类目款进行连带销售，与主类目款有很强的关联性

> 💡 **知识窗**
>
> 当然，商品的定位并不是唯一的，有些商品既是热销款，又是折扣款，而滞销款也可能是利润款。在不同的营销阶段，商家要根据营销目标进行商品的定位或转换定位。由于商品可能存在多种销售目的，所以商家要对商品进行深度了解，灵活进行商品在不同营销阶段的定位。

为了提高不同营销阶段商品的转化率和销售额，商家要根据不同营销阶段的不同目的，调整商品定位。

1. 日销小促阶段

为了促使更多用户来直播间购买商品，商家可以在直播间自建营销活动，实现日销状态下的销量小高峰，这时可以把直播间看作促销专区。日销小促可以为直播营销积累日常流量，吸引新用户，提高粉丝的复购率，用日销"爆款"推动直播营销整体销售额的增长。在这一阶段，商家要把购物车顶部的位置留给性价比高的商品，毕竟不是每个用户都有耐心从购物车最上方一直拉到最下方。

日销小促阶段上架商品种类、数量占比和作用如表4-3所示。

表4-3　日销小促阶段上架商品种类、数量占比和作用

商品种类	数量占比	作用
热销款	50%	引流，保证基础销量，主播可对其详细讲解，主要用于留存直播间的新用户
折扣款	30%	培养用户的观看习惯，用低客单价的商品提高销量
平销款	20%	每天都推新的平销款，让用户每天都有新鲜感，同时拉动销售额的增长

2. 上新阶段

由于直播具有强大的"带货"能力，能够为商品带来足够的流量，因而直播是新品孵化的重要渠道。如果商家已经积累了一定数量的粉丝，在直播间推出新品时就具有一定的优势。

在上新阶段，商家要把购物车顶部的位置留给新品，因为购物车顶部的位置更容易获得用户的关注。上新阶段上架商品种类、数量占比和作用如表4-4所示。

表4-4　上新阶段上架商品种类、数量占比和作用

商品种类	数量占比	作用
新款	60%	当场直播的主推商品，主播可详细介绍、高频展示，以提升直播间商品的丰富度
引流款/利润款	30%	具有引流和保证利润的作用，在推荐时与新品相结合，可带动新品销售
折扣款	10%	用于上新一小时前的预热，给用户提供福利，让有意向购买的用户来直播间购买新品，提高复购率

3. 排位赛活动阶段

商家可以通过参与不同类目和不同项目的排位赛来实现大促预热和促销转化的目的。在排位赛期间，用户可以在直播间点击并打开榜单，在榜单上查看排在前列的商家，然后一键跳转到其直播间。也就是说，只要商家能排在榜单前列，就可以获得一定的公域流量，更好地实现拉新。

排位赛活动阶段上架商品种类、数量占比和作用如表4-5所示。

在排位赛活动阶段，商家要在直播过程中实时监测数据，努力学习榜单前列商家的运营策略，以进一步提升直播间的直播效果。

表4-5　排位赛活动阶段上架商品种类、数量占比和作用

商品种类	数量占比	作用
直播专享价款	50%	以直播专享价来打动用户，提高转化率，营造冲榜的氛围
热销款	40%	具有引流和保证销售额的作用，主播要重点讲解，以更好地实现拉新
折扣款	10%	吸引用户回流，设置几个流量高峰点，刺激阶段性销售，截留新用户

4.6　标品与非标品的不同展示方式

由于用户对标品与非标品的了解程度不同，在进行直播营销的过程中，商家需要通过不同的方式来对二者进行展示。

4.6.1　标品的展示方式

标品通常指的是外观、功能、型号有一定标准规格的商品，比如洗衣粉、冰箱等，用户往往对标品的功能有一定的经验，较为清楚自己的具体需求，同时对标品的价格也有一定的心理预期。

在对标品的购买过程中，用户对其属性是有所了解的，因此在直播过程中，商家要着重强调标品的品牌、价格、核心卖点。

1. 品牌

由于用户对标品有较为明确的功能和质量预期，在选择标品时，品牌成了非常重要的一个考量因素。一个耳熟能详的品牌往往代表着稳定的质量和有保障的服务，能够让用户产生更多的信任感，因此在对标品进行展示的时候应该主动突出品牌和正品保障。图4-21所示为在直播间展示标品时突出品牌。对于品牌力较弱的新品牌来说，一方面可以通过更多的品牌广告投放来提升品牌知名度，另一方面可以更多借助第三方的认证和背书来提升品牌力，比如艺人"带货"、达人"带货"、权威机构认证等。

2. 价格

由于用户对标品的价格区间有较为明确的预期，在选择标品时，一个符合预期甚至低于预期的价格更能激发其购物冲动。图4-22所示为在直播间展示标品时突出价格。有的主播选择将折扣信息放到预热视频、直播间封面和名字等位置；有的主播选择将商品与赠品在屏幕前铺开，以突出赠品的丰富度；有的主播选择在工厂进行直播"带货"，暗示没有中间商费用。这些都是强调价格的有效方式。

图4-21 在直播间展示标品时突出品牌　　图4-22 在直播间展示标品时突出价格

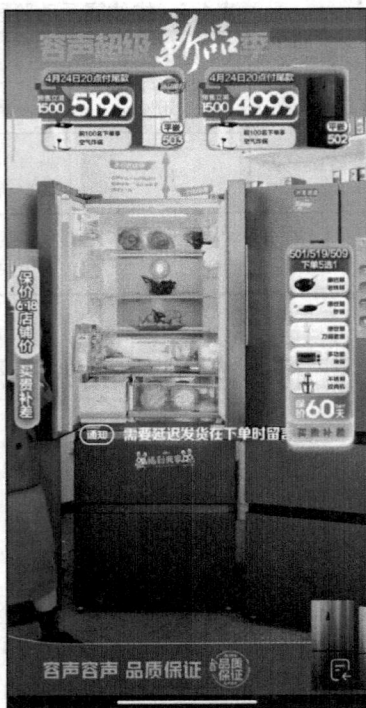

3．核心卖点

由于同类标品间的功能差距不大，因此当商品具备明显的优势卖点时，商家应该尽量将核心卖点用可视化的手段凸显出来，以商品卖点取胜。比如在介绍抽纸时，商家在镜头前通过手撕、水泡的方式凸显其强韧的特点，从而与普通抽纸拉开差距。

4.6.2 非标品的展示方式

非标品通常指的是个性化、差异化程度较高的商品，比如时装等。用户对非标品的选购通常采取"边逛边买"的形式，对价格能够接受的心仪商品就会下单购买，并没有特别严格的比价过程。

在直播中展示非标品时，主播要注重提升内容力、"种草"力。

1．内容力

内容力代表着直播的可看性。由于非标品往往具有很强的个性和特色，主播需要对非标品进行充分的展示，此时就需要提升内容力以提高用户对内容的感兴趣程度，通过吸引用户长时间观看而充分传达商品卖点。比如在销售服装类商品时，直播间往往会通过音乐和互动玩法来吸引用户长时间停留。

2．"种草"力

"种草"力代表直播内容激发用户购物兴趣的能力。由于在选购非标品时，用户往往带着"边逛边买"的心态，对商品的需求程度不明确，主播需要更多地凸显商品的优势和特色，同时通过结合用户的使用需求来进行定向"种草"。比如在销售洞洞鞋时，主播会描绘在海边度假走在沙滩上的场景，通过具体的场景来瞄准用户需求，从而成功"种草"，如图4-23所示。

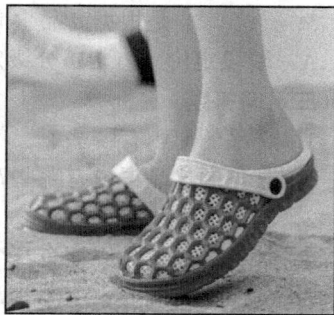

图4-23　穿着洞洞鞋走在沙滩上

本章自测题

一、填空题

1．_____指的是通过相关方法选择适合直播的商品。

2．选品渠道分为_____、_____两种，各有优劣，需要商家结合自身实际进行选择。_____的优点就是商家没有囤货的压力，发货比较省时省力，方便且快捷。

3．_____是根据用户的社会属性、生活习惯和消费行为等信息而抽象出的一个标签化模型。

4．所谓_____，即用户对品牌、品质、性价比、售后服务的要求。

5．一般来说，热销商品的生命周期包括_____、_____、_____、_____四个阶段。

二、选择题

1．（　　）比较适合有一定资金的主播和商家，根据情况自己控制货源，把控商品。

　　A．线下渠道　　　B．线上渠道　　　C．电商平台　　　D．批发网站

2．经济即（　　），在其他条件大体相同的情况下，价格往往成为左右用户是否购买某种商品的关键因素。

　　A．求实心理　　　B．求廉心理　　　C．好奇心理　　　D．可靠心理

3．（　　）是指在直播过程中，同步上架几款备选商品，在不对其进行讲解的情况下观察它们的自然点击和转化数据。

　　A．直播间互动　　　　　　　　　B．直播购物车

　　C．直播间挂链接　　　　　　　　D．制作并发布短视频

4．用户已经了解和熟悉商品，商品销量增加、利润上升，此时商品处于（　　）。

　　A．导入期　　　B．成熟期　　　C．衰退期　　　D．成长期

5.（　　）是根据商品生命周期定价的一种策略。

A．阶段定价　　　　B．分级定价　　　　C．阶梯定价　　　　D．习惯定价

三、简答题

1．选品的原则有哪些？

2．常见的选品渠道有哪些？

3．测品的方法有哪些？

4．热销商品生命周期有几个阶段？各是怎样的？

5．商品定价的要素有哪些？

任务实训——直播选品渠道

为了更好地理解直播选品的渠道并掌握相关的基础知识，我们将进行下述实训。

一、实训目标

1．理解直播选品的重要性。

2．掌握线上选品的渠道。

3．掌握线下选品的渠道。

二、实训内容

1．通过直播平台官方仓库来选择商品，如快分销。

2．通过批发网站选择商品。

3．通过其他电商平台选择商品，如百度爱采购。

4．通过线下选品渠道选择商品，如批发市场进货、厂家进货、品牌积压库存进货。

三、实训要求

1．综合运用各种选品策略。

2．通过表格对比各个选品渠道的差异。

第5章

直播营销推广

　　直播具有即时性、互动性等特点，对主播或企业积累人气、推广品牌等有很大的作用，因此了解直播营销推广的知识相当重要。本章主要讲述直播营销推广概述、直播预热引流推广、直播引流的内容设计、不同直播平台的付费推广等内容。

【教学目标】

知识目标	☑ 熟悉直播营销推广的定义 ☑ 熟悉直播营销推广的类型
技能目标	☑ 掌握直播预热引流推广 ☑ 掌握直播引流的内容设计 ☑ 掌握不同直播平台的付费推广
素养目标	☑ 培养诚实守信的品质

【引导案例】

束氏茶界：千人预告方案

　　如今，直播"带货"行业前景一片大好，越来越多的商家看到了商机，纷纷加入其中。在开展直播"带货"时，商家只有做好直播"带货"的宣传预热，才能够吸引更多消费者关注，提高商品的销量。

　　束氏茶界就通过千人预告方案实现了商品销量的大幅提升。束氏茶界是茶叶零售行业的知名品牌，其在营销推广方面下了不少工夫。随着直播"带货"的发展，束氏茶界察觉到了直播"带货"带来的巨大商机。于是在2019年春天，束氏茶界携手新零售平台"又一城"在束氏茶界App上开通直播功能，并发起安吉白茶和西湖龙井的直播销售活动。这一直播开展得十分成功，4场直播结束后，束氏茶界销售额突破6万元。

束氏茶界的直播分为3个阶段，分别为预热阶段、直播"带货"阶段和直播回放阶段。在预热阶段，束氏茶界发动所有门店的数千名员工在微信、微博等社交平台上发布直播预告，以吸引更多人关注。在直播"带货"阶段，束氏茶界再次组织员工在朋友圈发布直播推送，以吸引更多人进入直播间。在直播回放阶段，束氏茶界的员工还会进行直播回放推送，以吸引更多人观看直播内容并下单。

束氏茶界的这次直播主要有两个目的：第一，让之前预售下单的消费者看到束氏茶界原材料的采摘及制作过程，提升消费者对束氏茶界品牌的信赖度；第二，通过消费者对这次直播的分享，吸引更多消费者关注，提升商品销量，实现二次引流和拉新。

在此次直播之前，刘女士从未听说过束氏茶界这个茶叶品牌，但是在束氏茶界直播销售开始前，她看到了朋友在朋友圈转发的有关束氏茶界的直播信息并对此产生了兴趣。于是在束氏茶界进行直播时，刘女士进入束氏茶界的直播间并观看了直播。在观看直播的过程中，刘女士被主播的介绍及其展示的制茶过程吸引，她就通过直播页面上展示的商品链接购买了束氏茶界的商品。

束氏茶界的千人预告方案使其获得了许多消费者的关注，提高了商品的销量。对于主播而言也是如此，在直播前进行预告是十分关键的。直播的流量决定了直播的销售额，而直播预告能够让更多消费者了解主播的直播信息，能够为主播吸引大量流量，保证直播能够更好地开展。

思考与讨论

（1）束氏茶界如何通过直播营销进行推广的？

（2）为什么要做好直播预告？

5.1 直播营销推广概述

直播营销推广作为提高直播间流量获取和转化能力的一种方法，可以让广告投放效率和投放效果大幅提升。

直播营销推广概述

✎ **课堂讨论**

什么是直播营销推广？直播营销推广的类型有哪些？

5.1.1 直播营销推广的定义

直播"带货"是线上的营销行为，而不管是线上还是线下，流量都是非常重要的。直播营销推广就是商家通过一定的方法和手段吸引更多用户来自己的直播间购买商品或服务。营销推广的传统表现形式即广告，是由媒体机构接受商家委托，面向用户反复播放的商业介绍和推销信息。

很多商家的直播之所以没人看，是因为其直播营销推广工作做得不到位。现在在网上进行直播"带货"的商家很多，所以如果想要直播更具有人气，商家就要加强直播营销推广。

5.1.2　直播营销推广的类型

随着互联网营销的需求不断增加，各种互联网平台都成为网络营销的重要渠道，其中直播平台更是备受青睐。直播营销推广的主要类型有：信息披露型、品牌宣传型、淘宝店铺型、娱乐活动型、"网红"代言型、客服沟通型、线上线下整合型等，如图5-1所示。

1. 信息披露型

信息的传播越来越快捷、便利，人们对信息的及时性要求也越来越高，报纸、杂志等传播渠道开始显得落后，直播这种既能及时披露信息又能直观展示信息的方式，成为信息传播领域的热门渠道。

信息披露型直播最具代表性的是对各种体育赛事如足球、羽毛球、乒乓球等的直播。此类直播能即时在线传播比赛最新信息，弥补广大体育爱好者不能去现场观看比赛的遗憾，因此很受欢迎。

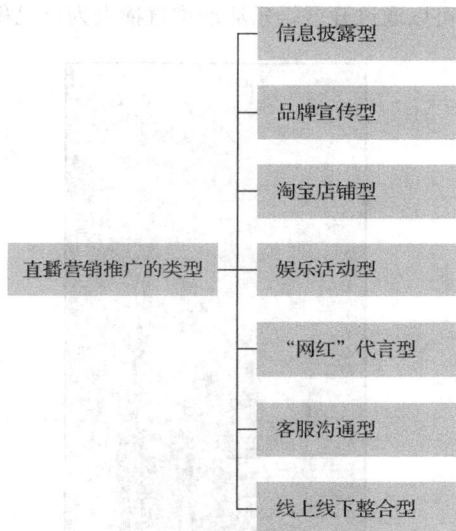

图5-1　直播营销推广的类型

2. 品牌宣传型

互联网时代的企业品牌宣传，已经成为企业营销不可缺少的组成部分，而直播式的品牌宣传活动，已经渐渐地成为企业宣传的主流。

例如，荣耀、小米、OPPO、vivo等手机品牌的新品发布会就很好地利用直播这种形式进行品牌和商品的宣传推广。图5-2所示为某手机品牌的新品直播发布会。

3. 淘宝店铺型

在淘宝这个时尚媒体开放平台，聚集了一大批电商直播红人。他们向粉丝销售的不仅仅是商品本身，更多的是一

图5-2　某手机品牌的新品直播发布会

种生活方式和体验，其营销模式是在与粉丝长期的互动中演化而来的。很多用户喜欢在"网红"店铺购物，觉得其搭配的衣服好看，希望穿出和模特儿一样的效果。图5-3所示为淘宝店铺型直播。

4. 娱乐活动型

移动互联网时代，借助直播开展娱乐活动能促进企业影响力的提高，娱乐活动型直播成为新的直播热点。同时，不局限于企业、艺人、"网红"，甚至普通人，也可以通过开展娱乐活动型直播来为自己积累人气。图5-4所示为娱乐活动型直播。

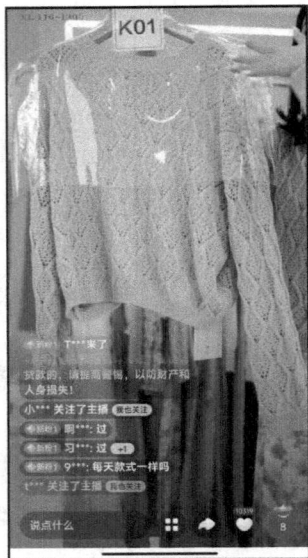

图5-3　淘宝店铺型直播

图5-4　娱乐活动型直播

5. "网红"代言型

"网红"代言非常火爆，很多"网红"代言人的"带货"能力非常强。例如，某"网红"早期便在直播平台积累了超过100万个粉丝。随后，他经常现身某品牌护肤品直播间，为他代言的商品进行宣传。他的直播间粉丝很大一部分是热爱美妆的人群，而这些人群大多是年轻女性，对护肤品等也有需求。

6. 客服沟通型

客服沟通型直播能使用户对企业的服务更为了解，从而拉近企业与用户之间的距离。例如，中国移动在微博推出客服直播对话服务，使用户既能闻其声，还能见其人，为用户提供了真实、体验优质的服务。

7. 线上线下整合型

直播营销方式不局限于线上，线上与线下相互延伸和整合已经成为一种新的潮流。线上线下整合型直播能促进品牌推广。

例如，某主持人因为主持线上节目成为名人。而除了线上的节目，他还积极开展线下的演讲活动，通过线下演讲活动拉近与粉丝之间的距离。

5.2 直播预热引流推广

直播预热是为了让用户提前了解直播的内容，这样对直播感兴趣的用户就可以在直播时及时进入直播间，从而增加直播间的在线观看人数。下面介绍直播预热时机、直播预热推广渠道、直播预热文案和直播引流短视频。

5.2.1 直播预热时机

直播预热时机与用户在社交平台上的活跃时间、直播预热与正式直播的间隔时间等因素息息相关。

1. 用户在社交平台上的活跃时间

与相对固定的直播时间不同，直播预热的时间灵活很多。由于用户白天通常在工作和学习，直播的人气峰值一般出现在19点至22点，这是大多数用户的休息时间。用户利用休息时间看直播的可能性更高，因此"带货"效果更好，转化率也更高。图5-5所示为某直播间粉丝活跃时间分布情况。

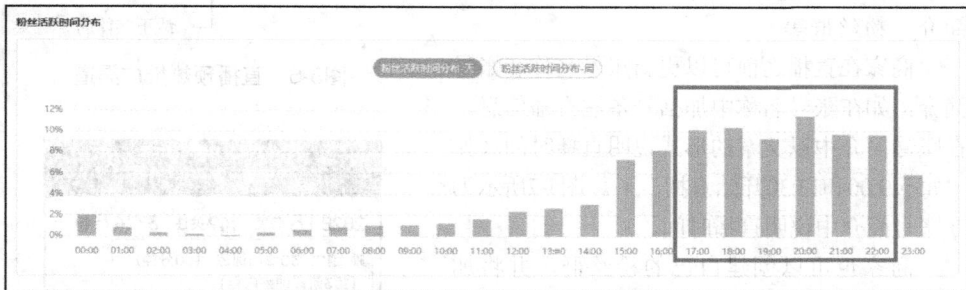

图5-5　某直播间粉丝活跃时间分布情况

短视频平台、微博、微信公众号等都可以成为直播预热的平台，所以商家要了解这些平台用户的活跃时间。需要注意的是，直播预热的时间应尽量在用户活跃峰值出现前的半个小时左右，这样可以给用户更多的反应和转发时间。

2. 直播预热与正式直播的间隔时间

直播预热与正式直播的时间间隔不能太长，否则很容易让用户遗忘预热信息；但也不能太短，否则直播预热效果很难呈现出来。总体来说，间隔时间至少为24小时。一般来说，商家要在正式直播的1～7天前进行直播预热，预热信息一般会在这段时间内被大量用户看到。当关注度达到顶峰时，商家再开始正式直播，可以很好地避免热度衰退。

商家把握好以下3个直播预热的时间，能很好地增加直播时直播间的流量。

（1）开播前一周。举个例子，商家如果打算做一场新款商品推荐直播，那就需要提前一周进行预热。直播预热内容可以是一段在车间里加工该商品的视频，商家注意要在视频最后告知用户该商品的推荐直播的信息。

（2）开播前三天。在开播前三天，商家还要再进行一次直播预热以透露更多的信息，如这次直播会给用户带来多少福利、正式直播的时间等。

（3）开播前一天。开播前一天商家继续为直播预热，此时可以发一段新品视频，然后问用户是否感兴趣，并再次强调第二天几点开始直播。

5.2.2 直播预热推广渠道

多渠道预热能够让更多用户了解直播信息，也能为直播"带货"营造良好的氛围，激发用户的购物热情。常见的直播预热推广渠道有直播平台私域场景、电商平台、社交平台、企业官网及线下实体店等，如图5-6所示。

1. 直播平台私域场景

对于抖音、快手等直播平台来说，商家可以利用的私域场景主要有账号名称、账号简介、粉丝群等。

商家在直播之前可以更新账号名称和账号简介，如在账号名称中加括号备注直播信息，在账号简介中以文案的形式说明直播时间（如"每天9:00和13:30开始直播"）。图5-7所示为在账号简介中说明直播时间。

商家也可以创建自己的粉丝群，并将加入粉丝群的方式直接展示在自己的主页中，用户加入粉丝群后，商家可以在粉丝群里公告直播信息。图5-8所示为在粉丝群里公告直播信息。

2. 电商平台

电商平台是连接商家和用户的重要渠道，因此商家可以通过电商平台进行直播预热。以淘宝平台为例，商家通过淘宝平台进行直播预热的优势是十分明显的。

淘宝平台的首页有直达淘宝直播的入口，商家可以将自己的直播预告发布在淘宝

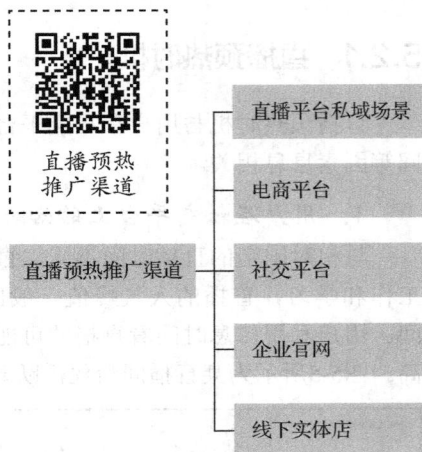

图5-6 直播预热推广渠道

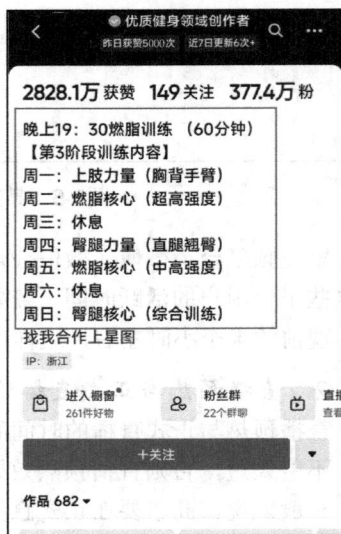

图5-7 在账号简介中说明直播时间

平台上。但是，淘宝平台上的直播信息众多，要想引起用户的注意，商家就要在设计直播预告时多花一些心思。

商家在设计直播预告时，要确保直播预告能够迅速吸引用户的目光。商家可以通过图文和视频结合的方式讲明直播的重点内容，同时还要为直播预告确定一个吸睛的标题，因为吸睛的标题能够让更多用户关注商家的直播。图5-9所示为淘宝平台直播预热。

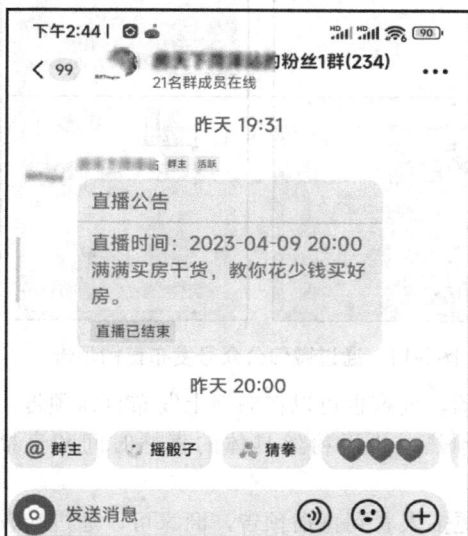

图5-8 在粉丝群里公告直播信息

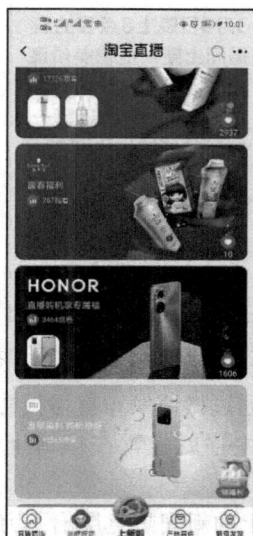

图5-9 淘宝平台直播预热

同时，淘宝平台的直播激励机制对商家而言是十分友好的。当商家制作的直播预告内容足够优质时，淘宝平台会将商家的直播预告内容放在直播广场显眼的地方，以让更多用户看到。

在其他电商平台进行直播预热也是如此，电商平台的用户优势、直播激励机制等都会为商家进行直播预热提供支持。因此，商家一定要重视电商平台的作用，借助电商平台的力量做好直播预热。

3. 社交平台

随着移动互联网的快速发展，人们与各种社交平台的联系越来越紧密。人们会用QQ、微信等平台来工作，用微博、论坛等平台来了解时事、发表看法等，很多人都把闲暇时间用在了各种社交平台上。商家要抓住这一点，在社交平台上进行直播预热。

（1）通过微信发布直播预告。商家在微信上可以通过多种方式来发布直播预告。第一，商家可以通过朋友圈宣传直播时间和福利，并设置转发福利。例如，"转发此条信息至朋友圈，可凭截图领取5元代金券"，这样便可以激励用户转发直播预告，实现直播预热。图5-10所示为在朋友圈预告直播时间和福利。第二，商

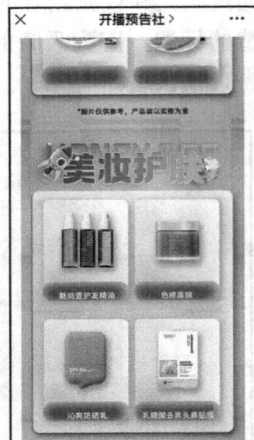

家可以通过微信公众号发布直播预告，说明直播的时间和主题。图5-11所示为通过微信公众号发布直播预告。商家还可以将直播间的直达链接添加在微信公众号发布的内容中，让用户能够便捷地进入直播间。

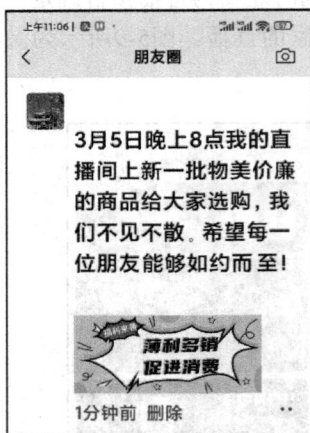

图5-10　在朋友圈预告直播时间和福利　　　图5-11　通过微信公众号发布直播预告

（2）通过微博发布直播预告。除了微信，商家也可以在微博上发布直播预告。一些知名主播就经常在微博上进行直播预热，告诉粉丝具体的直播时间和直播内容。

微博上的新闻热点层出不穷，为了让更多人看到直播预告，商家可以通过转发抽奖的方式来引导用户转发微博。

例如，商家可以设置"关注+转评赞，抽3人分别送……"的抽奖活动。图5-12所示为在微博发布直播预告。转发抽奖活动可以充分调动用户转发微博的积极性。商家积极引导用户转发直播预告，可以增加直播预告的曝光度，进而在正式直播时获得更多关注。

图5-12　在微博发布直播预告

（3）通过QQ发布直播预告。作为最早的网络通信平台之一，QQ拥有强大的资源优势和深厚的底蕴，利用QQ引流，限制少且市场庞大。QQ是商家必须巩固的引流阵地。

① 通过QQ签名发布直播预告。商家可以编辑或修改QQ签名的内容，利用其引导QQ好友关注直播预告信息。

② 通过QQ头像和昵称发布直播预告。QQ头像和昵称是QQ的首要流量入口，商家可以将其设置为直播账号的头像和昵称，增加直播账号的曝光率。

③ 通过QQ空间发布直播预告。QQ空间类似于微博，商家可以充分利用。在QQ空间发布直播预告有利于积攒人气，吸引更多人前来观看，可增强用户的黏性。

④ 通过QQ兴趣部落发布直播预告。QQ兴趣部落是一个基于兴趣的公开主题社区，在QQ兴趣部落发布直播预告，能够帮助商家获得更加精准的流量。

⑤ 通过QQ群发布直播预告。QQ群具有容易查找、进群方便、成员数量多等优势，商家可以多创建和加入一些与直播相关的QQ群。成功加群之后首先要了解群规则，然后积极参加群活动，多在群内发言，让群成员对自己产生信任感，在这种情况下发布直播预告来推广就水到渠成。

（4）通过论坛发布直播预告。论坛是最早出现的在线社区之一，用户很多且活跃度较高，推广潜力很大。但是利用论坛进行直播预热并不是简单地发帖，而是要通过发帖引起广泛讨论，然后采用一些引导手段，将用户吸引到指定直播账号。

利用论坛进行直播预热推广，最重要的就是找准热门论坛，然后投放直播预告。比如虎扑社区、百度贴吧等都是当下热门论坛的代表。商家如果想要让用户关注自己的帖子，并注意到所推广的直播信息，就要多与用户互动，这样关于直播的内容就会渐渐走入用户的视野，相应的直播也就得到了推广。

4. 企业官网

企业官网拥有新闻发布、口碑营销、商品展示等功能，是企业面向社会的重要窗口。因此，主播和企业合作推销商品时，可以利用该企业的官网进行直播预热。

有些用户并不关注直播，但是他们会通过企业官网关注自己心仪的商品。通过企业官网进行直播预热，能够吸引这些关注该企业的用户前来观看直播。

例如，某主播与某手机品牌达成合作，以首席体验官的身份体验并推销该品牌的新款手机。在直播之前，为了吸引更多用户来观看直播，该主播在该手机品牌官网上发布了直播预告。一些以前不关注直播，但是关注该手机品牌的用户通过该手机品牌官网上的直播预告了解到新款手机的直播信息，就在直播当天进入主播的直播间购买手机。也就是说，这位主播通过在该手机品牌官网上发布直播预告的方式吸引了更多用户的关注。

5. 线下实体店

商家拥有线下实体店或者与拥有线下实体店的品牌商合作时，就可以把直播预告投放到线下实体店中。

许多习惯于在线下实体店购物的用户或许没有接触过直播，但其对该品牌的商品是有需求的，他们极有可能成为商家直播间的粉丝。因此，商家要吸引这部分用户关注自己的直播。在利用线下实体店为直播做宣传时，商家可以从以下两方面入手。

（1）店内宣传。商家可以在店内宣传自己的直播。商家可以把直播预告内容做成海报发放给用户，如图5-13所示；也可以叮嘱实体店内的店员，在用户结账时向用户宣传商家的直播信息："您好，我们店为了回馈新老用户，将在今晚于某某平台开启直播，直播间的商品价格更加优惠。"对于追求实惠的用户而言，他们在听到"价格更加优惠"后，可能会按捺不住好奇心去观看直播。

（2）店外展板。商家可以在实体店的店外设置包含直播预告信息的展板。在设计展板时，商家需要注意将直播的重点内容写在展板上，让用户在看到展板第一眼时就能关注与直

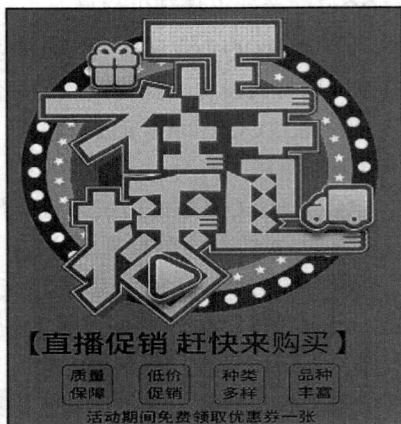

图5-13　把直播预告内容做成海报

播相关的重点内容，如直播平台、直播间的房间号、直播时间及直播中的惊喜福利等。

商家把展板设置在店外，来店中购物或者路过的人都可能会因看到展板，而对商家的直播内容产生好奇，进而进入直播间观看。

5.2.3　直播预热文案

每场直播开始之前必不可少的就是直播预告，直播预告离不开直播预热文案的写作。好的直播预热文案能起到画龙点睛的作用，戳中用户的痛点，勾起他们的好奇心。下面介绍直播预热文案写作的技巧，如图5-14所示。

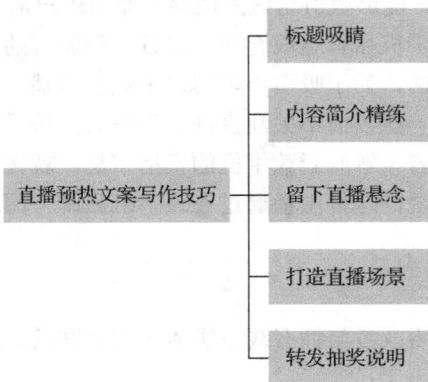

图5-14　直播预热文案写作技巧

1．标题吸睛

直播预热文案的标题是影响用户进入直播间的关键因素。直播预热文案标题的字数需要控制在12个字以内，包含商品的核心卖点或具体的内容亮点，目的是第一时间让用户对直播内容产生兴趣。下面介绍写作直播预热文案标题的6个技巧。

（1）标题要尽量展示品牌或商品的风格。

（2）标题要触及用户的痛点。

（3）在标题中描绘出用户的使用场景。

（4）标题内容简单明了。

（5）在标题中突出主播特征，如可爱、开朗等。

（6）在标题中适当透露新颖的玩法。

2．内容简介精练

内容简介是对标题的解释或对直播内容的概括，字数应控制在140个字以内。内容简介要简单、不拖沓，可以介绍直播嘉宾、粉丝福利、特色场景、主打商品故事等内容，要从能够吸引用户的角度来撰写内容简介。

3．留下直播悬念

一场直播一般持续几个小时，所有的内容依靠直播预热文案是介绍不完的。所以，直播预热文案创作者要学会设置悬念，"说一半，藏一半"。

4．打造直播场景

用户可能无法直接从文字上感受到直播的价值，这时可以通过在文案中用图片打造与直播主题相关的场景来吸引用户。

5．转发抽奖说明

直播预热文案内容包括直播时间、直播内容及转发抽奖说明等。直播时间和内容都是直播预热文案的必备项，但直播预热文案要重点说明完成"关注+转评赞"或"转发评论"的用户，有机会通过抽奖获得红包、大额抵用券等。直播预热文案应利用抽奖引导用户转发评论，扩大文案传播范围，这样才会有更多的人看到文案和进入直播间。

5.2.4　直播引流短视频

直播引流短视频，顾名思义就是为给直播间引流而专门创作的短视频。直播引流短视频最重要的作用在于引流。不同于日常短视频的更新规则，直播引流短视频一般在直播前发布，以起到直播预告、通知开播的作用，可以让商家用较低的成本吸引更多的用户。直播引流短视频的内容不能脱离账号和直播内容，带有和商品或品牌相关的话题，并且一般在流量高峰时段发布。

直播引流短视频需要具备以下要素，如图5-15所示。

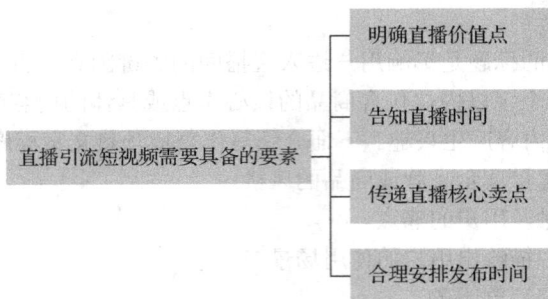

图5-15　直播引流短视频需要具备的要素

1. 明确直播价值点

商家在直播引流短视频中应该明确表达直播价值点，让用户快速了解将开展的直播是做什么的。

2. 告知直播时间

直播引流短视频需要直接告知用户直播的具体时间，比如当天晚上8点或者某年某月某日晚上7点。图5-16所示为告知直播时间。

3. 传递直播核心卖点

直播引流短视频需要传递直播的核心卖点，其主题通常是宣传商品的卖点、性价比，以及观看直播的福利等。图5-17所示为传递直播核心卖点。

图5-16　告知直播时间

图5-17　传递直播核心卖点

4．合理安排发布时间

要想直播引流短视频发布的时间合理，就需提前一天发布，这样才能起到通知开播的作用，从而吸引用户进入直播间。

5.3 直播引流的内容设计

直播引流的
内容设计

下面介绍直播引流的内容设计，包括商品卖点的展现角度、直播商品介绍文案的撰写、直播间标题的撰写、直播间封面图的设置。

5.3.1 商品卖点的展现角度

在直播中进行商品营销时，应以商品为中心，对商品的相关内容进行全面展示。很多新品推出之时，都是以商品的卖点来塑造价值，以吸引消费者的注意力。

商品卖点是商家传递给消费者的重要的商品信息，它可以向消费者传递某种主张或某种承诺，告诉消费者购买该商品后会得到什么好处，并且是消费者能够接受和认可的。商品卖点的展现角度如图5-18所示。

图5-18　商品卖点的展现角度

1．卓越的品质

商品品质的好坏是消费者决定是否选购商品的主要因素之一。商家突出商品的品质，能让消费者对商品更有信心。

2．显著的功效

不同的商品拥有不同的功效，消费者购买商品实际上是购买商品所具有的功能。如果商品的功效与消费者的需求相符合，且超出了消费者的预期，就会给他们留下良好的印象。

3．知名的品牌

品牌不仅能够保障商品的质量，还能给消费者带来附加价值，使他们产生一种心理上的满足感，能激起消费者的购买兴趣。如果商品具有有利的品牌形象和市场占有率，在进行商品卖点展示时，就可以将商品品牌作为主要卖点。

4．高性价比

性价比就是商品的性能价格比。商品的性价比越高，消费者越趋向于购买，因为这代表消费者能花费较少的钱来购买较好的商品。性价比高是一个很好的卖点。

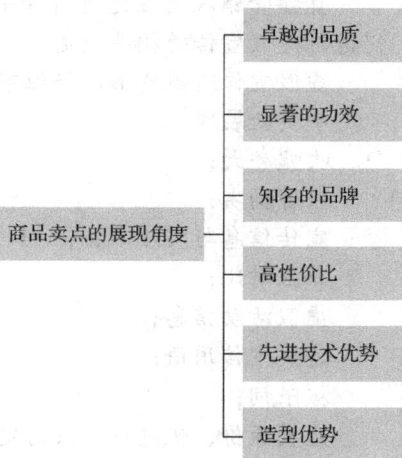

5. 先进技术优势

商品的先进技术优势，主要体现在技术创新上。例如，推销手机的直播，可以将商品的技术创新作为卖点，比如拍照像素、续航能力、分辨率等。先进技术优势甚至可以是刷新消费者认知的商品特点，这些特点可以给消费者制造惊喜。

6. 造型优势

商品的造型优势可以作为卖点进行展现。例如，针对小型手提包，可以强调包包轻巧便捷，大小正好适合放置手机以及钱包、口红等，并具有外形独特、百搭、适合拍照等特点。

素养提升

直播营销人员在通过抖音平台直播"带货"的过程中，必须遵守关于不得进行虚假宣传的相关规定。

虚假宣传违规情形包括但不限于以下内容：

小实验展现；

吹嘘夸大；

假冒伪劣；

宣传信息与实际不符；

夸张对比；

虚假活动信息；

违规宣传用语；

极限词；

虚构原价、优惠价、政府定价；

其他法律法规、平台规定禁止出现的虚假宣传内容等。

5.3.2 直播商品介绍文案的撰写

直播商品卖得好不好，还取决于主播能否将商品介绍清楚，能否形成自己的介绍风格。能让用户记住的文案就是好文案。下面为大家介绍撰写直播商品介绍文案的三大要点，如图5-19所示。

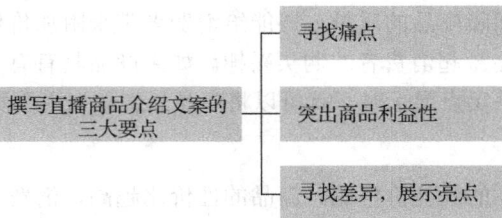

图5-19　撰写直播商品介绍文案的三大要点

1. 寻找痛点

直播营销人员在创作直播商品介绍文案时，要抓住用户的主要痛点，以这些痛点来吸引用户的关注。

2. 突出商品利益性

商品的利益性是指商品与用户之间的利益关系。直播商品介绍文案应突出商品的利益性，站在用户的角度进行分析。例如，介绍商品为用户的日常生活提供了更加舒适的环境，或者替用户解决了某些问题，总的来说就是说明商品能够带给用户的好处。

3. 寻找差异，展示亮点

每款商品都有各自的特色，使用的场景和功能也不一样，这就需要直播营销人员将不同的商品进行对比，找出自家商品的亮点，打造出最符合商品特色的文案。

5.3.3 直播间标题的撰写

直播间标题是决定直播间能否在第一时间吸引用户观看直播的重要因素。如果直播间没有吸引人的标题，即使直播的内容很精彩，也难以吸引大量用户观看直播。在设置直播间标题时，可以采用以下几种方法，如图5-20所示。

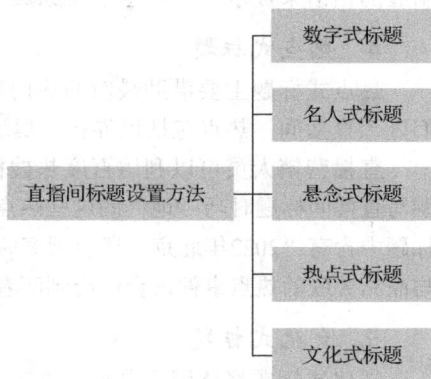

图5-20　直播间标题设置方法

1. 数字式标题

数字式标题是指在标题中呈现出具体的数字，通过数字的形式来概括相关的主题内容。数字式标题一方面可以利用数字引起用户注意，另一方面可以有效提高用户阅读标题的效率。数字代表的是精确、客观和专业，在标题中加入数字不仅能很快让用户对商品建立信任，还能以有冲击力的方式迅速准确地抓住用户的注意力。

🎓 **小提示**

数字式标题的撰写技巧如下：

（1）从直播内容中提炼出数字式标题。

（2）在标题中通过数字对比，设置冲突和悬念。

（3）按照内容的逻辑结构撰写数字式标题。

2. 名人式标题

名人式标题利用名人（如权威专家、艺人）的影响力对直播的商品或服务进行推广营销，以达到快速销售商品的目的。需强调应在已授权的情况下使用名人式标题。名人式标题都比较简单，一般含有名人的信息，如"某名人某月某日直播"。名人的事情通常是大众关注的，因此直播间标题也可以利用名人效应。用户爱屋及乌，因为对名人的喜欢、信任，从而转嫁到对商品的喜欢、信任。如果宣传的事物或者商品和名人有联系，会吸引不少用户的关注。

3．悬念式标题

悬念式标题是指在标题中设置一个悬念，吸引用户的注意力，让用户产生追根究底的心理，在寻求答案的过程中不自觉地对直播产生兴趣。

在标题中提出疑问能够为直播内容增加悬念，而这种悬念能够吸引用户关注直播。好奇是人的本能，悬念式标题就是利用用户的好奇心，从而让用户在好奇心的驱使下进入直播间。

在使用悬念式标题时，要将事实与悬念的线索相匹配。此外，标题事实要是最近发生的事情。悬念的设置要简明而单一，要把握好设置悬念的度，既不要使用太明显的话语来提示用户，也不要隐藏得太深，故弄玄虚。

4．热点式标题

热点式标题主要借助最新的热门事件等，利用用户对社会热点的关注来引导他们进入直播间。热点包括世界杯、奥运会、热播电视剧等。

直播营销人员可以利用百度热搜榜、今日头条热榜等来提取最新的热点，并在撰写直播间标题时巧妙地借助这些热点。例如，2022年北京冬奥会时，某商家直播间标题中含有"2022年北京冬奥会国家队比赛新款运动服"。用户在选购商品时，看到与商品关联的热点事件，会体会到两者之间有共同点，从而产生一种天然的好感。

5．文化式标题

文化式标题将诗词、典故、方言、戏曲、谚语等文化元素融入直播标题，以提升直播标题的文化内涵。具有文化底蕴的直播间标题能吸引用户的关注。

5.3.4　直播间封面图的设置

直播间封面图是用户接触直播的第一环节，可用于建立直播间特色、吸引用户点击。一张好的封面图对直播来说非常重要，图片比文字更具有冲击力，更能吸引人关注。图5-21所示为直播间封面图。

直播间封面图的设置技巧分为人像图设置技巧和商品图设置技巧，分别如图5-22和图5-23所示。

图5-21　直播间封面图

人像图设置技巧

- 使用主播本人的照片，保证人物的脸部完整清晰
- 采用近景或中近景，展现人物腰部以上的姿态
- 构图合理美观
- 背景干净、整洁，不要出现其他杂乱物品

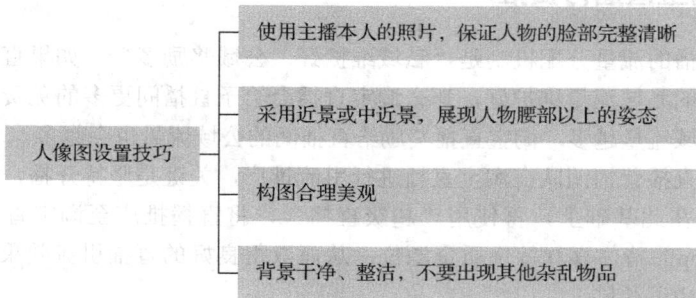

图5-22　人像图设置技巧

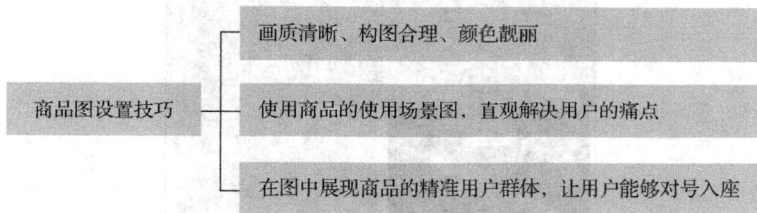

商品图设置技巧

- 画质清晰、构图合理、颜色靓丽
- 使用商品的使用场景图，直观解决用户的痛点
- 在图中展现商品的精准用户群体，让用户能够对号入座

图5-23　商品图设置技巧

设置直播间封面图时有以下注意事项。

（1）直播间封面图要符合平台的规范。对于违规的直播间封面图，平台会禁止其在直播广场上展示。

（2）直播间封面图要清晰、主体适中、主题明确、符合平台定位。

（3）直播间封面图不要使用有色情倾向、侵权、与自然现象不符、与主题无关、过分修图、过暗、模糊、拉伸变形的图片。

（4）直播间封面图要给人干净整洁的印象，所以图片上要尽量少加标题和图案。如果想展示一些卖点和促销信息，可以使用浮窗功能。

（5）直播间封面图不宜用拼接图，拼接图违反了直播间封面图大气干净的原则。另外，加了边框的图片，也不宜用作直播间封面图。

（6）直播间封面图不应添加联系方式、水印、表情包、商家Logo（部分平台活动会要求用统一的Logo）、二维码。

5.4　不同直播平台的付费推广

下面分别介绍淘宝直播付费推广、抖音直播付费推广、视频号直播付费推广、快手直播付费推广。

5.4.1 淘宝直播付费推广

淘宝直播的流量分配机制是"私域维护好，公域奖励多"。如果直播营销团队能够把自己的私域流量维护好，那么淘宝直播会给予直播间更多的免费公域流量；直播间的私域流量越多，淘宝直播奖励给直播间的公域流量也会越多。

因此，直播营销团队在淘宝直播进行引流推广，关键是坚持开播，维护自己的私域流量。在此基础上，再使用"超级直播"，将直播推广至淘宝直播的直播广场、淘宝App的猜你喜欢等优质资源位，从而取得良好的直播引流效果。图5-24所示为淘宝直播资源位。

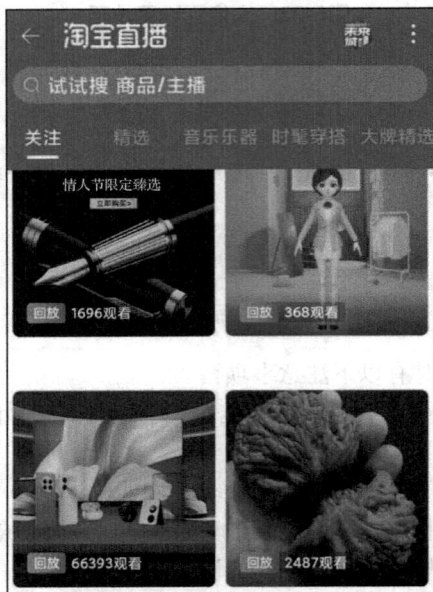

图5-24　淘宝直播资源位

超级直播基于阿里巴巴大数据推荐算法，能快速解决直播过程的营销问题。借助超级直播，主播可以没有自己的店铺、不用使用商品操作后台，只要明确营销诉求，就能快速投放、触达多个资源。商家可以通过超级直播赋能全方位定向体系，从商品、店铺、类目、内容、粉丝等多维度，精准找到潜在消费者。

下面讲解在移动端使用超级直播的方法。在淘宝主播App中开启直播后，在"全部工具"中点击"超级直播"按钮，如图5-25所示；进入"订单管理"界面，点击"去创建首笔订单"按钮，如图5-26所示。

之后即可按照界面选项设置推广计划，如图5-27所示。在这里可以设置投放模式、预计给直播间带来的观看人数、订单类型、下单金额、投放时间、投放时段、将直播推荐给哪些买家等。完成这些设置，并支付一定的金额后，即可开始付费推广。

图5-25　点击"超级直播"
按钮

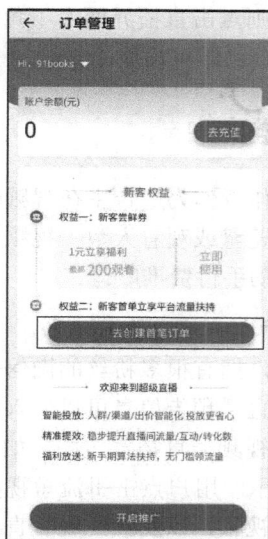

图5-26　点击"去创建首笔
订单"按钮

图5-27　设置推广计划

5.4.2　抖音直播付费推广

如果抖音直播间的人气不高，主播可以付费使用DOU功能。使用该功能可以助力直播间迅速上热门，提高直播商品的曝光率。使用该功能时，主播既可以选择在开播前投放预热视频，也可以选择在直播过程中根据实时数据进行定向投放。

如果在开播前投放，则点击直播界面中的"上热门"按钮，如图5-28所示，在打开的"DOU+直播上热门"界面中选择下单金额、加热方式、预估带来观众数等，支付对应金额之后即可开始投放。图5-29所示为付费设置。

图5-28　点击"上热门"按钮

图5-29　付费设置

如果在直播过程中投放，则点击直播界面右下角的"…"按钮，选择"DOU+直播上热门"，然后支付对应金额即可投放。

5.4.3 视频号直播付费推广

视频号付费推广，是指创作者作为广告主在视频号平台内购买一定的流量，为自己的短视频或直播间增加浏览量或观看人数。视频号直播付费推广方式包括自媒体大号付费推广、视频号广告助手付费推广。

1. 自媒体大号付费推广

对于视频号直播运营来说，拥有很多粉丝的微信公众号是有非常高的合作价值的账号。这是因为，视频号的直播预告信息可以嵌入微信公众号文章。用户在阅览微信公众号文章时，可以看到视频号直播宣传图，如图5-30所示；也可以看到视频号的引流短视频，如图5-31所示。用户点击引流短视频，可跳转到视频号观看引流短视频、关注视频号、点赞短视频，以及预约观看直播。用户也可以在微信公众号文章中直接点击"预约"按钮设置直播开播提醒，如图5-32所示。

图5-30 视频号直播宣传图　图5-31 视频号的引流短视频　图5-32 直播预约

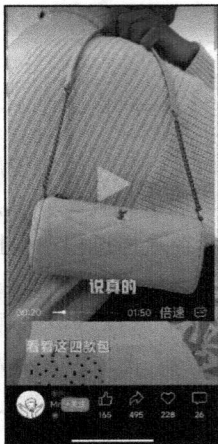

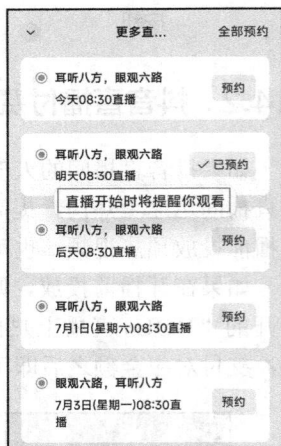

🎓 **小提示**

直播营销团队通过微信公众号为视频号直播付费引流，需要先筛选合适的微信公众号账号。一般情况下，直播营销团队需要通过查看微信公众号账号的粉丝数、文章阅读量、点赞量等信息，判断账号的质量；也需要评估账号日常发布的内容，判断其粉丝群是否是直播间的目标用户。

2. 视频号广告助手付费推广

利用视频号广告助手付费推广可以让短视频、直播间在恰当的时间被更多、更精准的用户看到。使用视频号广告助手付费推广的具体操作步骤如下。

（1）在微信搜索框中搜索"视频号广告助手"，选择"视频号广告助手"小程序，如图5-33所示；进入小程序后，点击"立即开户"按钮便可申请个人或企业推广账户，如图5-34所示。

图5-33　搜索"视频号广告助手"并选择小程序　　图5-34　点击"立即开户"按钮

（2）推广账户分为个人账户和企业账户，如图5-35所示。个人账户只需要选择行业类型和提交创作者身份信息，便可提交审核，如图5-36所示；而企业账户则需要选择行业类型，提交企业营业执照以及企业法人代表身份信息。

图5-35　推广账户　　　　　　　　　图5-36　开通个人账户

（3）审核通过后，可以选择推荐视频或直播。在基础设置界面可以设置投放金额、推广人群、推广时间、推广标题、标题描述等，如图5-37所示。按照需求设置好后，就可以开始推广了。

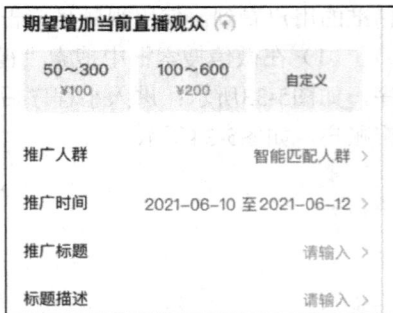

图5-37 设置推广信息

5.4.4 快手直播付费推广

在快手平台直播时，如果直播间的人气不高，商家可以进行付费推广。快手平台每引入一位新用户的推广费为1快币，即0.1元，商家在选择想要引入的用户数量后就可以看到金额。商家的出价越高，引入的用户数量就越多，引入速度也就越快，所以在直播高峰期，商家可以适当出高价，以快速提升直播间的人气。

下面介绍如何在快手直播进行付费推广，具体操作步骤如下。

（1）在"直播"界面中点击"开始聊天直播"按钮，如图5-38所示；进入快手直播间，点击界面右下方的"更多"按钮，如图5-39所示。

（2）在打开的界面中点击"上热门"按钮，如图5-40所示。

图5-38 点击"开始聊天直播"按钮　图5-39 点击"更多"按钮　图5-40 点击"上热门"按钮

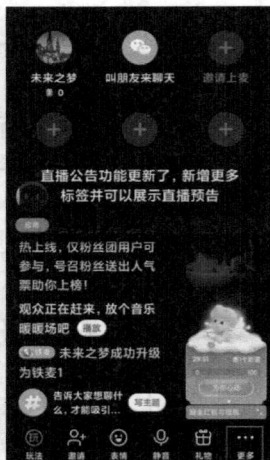

（3）打开"直播推广"界面，设置"预计带来直播观看数""下单金额""出价方式""每直播观看推广费"等，如图5-41所示。

（4）设置"推荐给我想吸引的人""期望投放时长"等，如图5-42所示。支付后，即可开启直播推广。

图5-41　设置直播推广信息

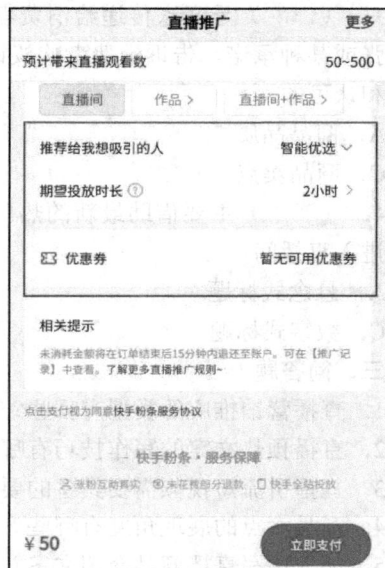

图5-42　设置其他选项

本章自测题

一、填空题

1. ＿＿＿＿＿＿＿＿＿是为了让用户提前了解直播的内容，这样对直播感兴趣的用户就可以在直播时及时进入直播间，从而增加直播间的在线观看人数。

2. 直播预热时机与用户在社交平台上的＿＿＿＿＿＿＿＿、直播预热与正式直播的＿＿＿＿＿＿＿＿等因素息息相关。

3. ＿＿＿＿＿＿＿＿＿是决定直播间能否在第一时间吸引用户观看直播的重要因素。

4. 淘宝直播的流量分配机制是"＿＿＿＿＿＿＿＿"。

5. 视频号直播付费推广方式包括＿＿＿＿＿＿＿＿、＿＿＿＿＿＿＿＿。

二、选择题

1. （　　　）是一个基于兴趣的公开主题社区，能够帮助商家获得更加精准的流量。

A．QQ兴趣部落　　　　　　　　B．QQ空间

C．QQ签名　　　　　　　　　　D．QQ群

2. 商家在直播引流短视频中应该明确表达（　　　），让用户快速了解将开展的直播活动是做什么的。

A．直播时间　　　　　　　　　　B．直播价值点

C．直播核心卖点　　　　　　　　D．直播封面

3．（　　）是商家传递给消费者的重要的商品信息，它可以向消费者传递某种主张或某种承诺，告诉消费者购买该商品后会得到什么好处，并且是消费者能够接受和认可的。

A．商品品质 　　　　　　　　B．性价比

C．商品卖点 　　　　　　　　D．显著的功效

4．（　　）主要借助最新的热门事件等，利用用户对社会热点的关注来引导他们进入直播间。

A．悬念式标题 　　　　　　　B．名人式标题

C．数字式标题 　　　　　　　D．热点式标题

三、简答题

1．直播营销推广的类型有哪些？

2．直播预热文案的写作技巧有哪些？

3．直播引流短视频需要具备的要素有哪些？

4．商品卖点的展现角度有哪些？

5．如何撰写直播商品介绍文案？

任务实训——直播营销推广方法

为了更好地理解直播营销推广方法，我们将进行下述实训。

一、实训目标

1．掌握直播预热时机。

2．掌握常见的直播预热推广渠道。

二、实训内容

1．选择熟悉的直播平台，如抖音、快手、小红书等，开启直播。

2．在合适的时机进行直播预热，分析直播间用户活跃时间分布情况，找到人气峰值出现的时间。

3．通过直播平台私域场景、电商平台、社交平台、企业官网及线下实体店等直播预热推广渠道进行直播预热引流。

三、实训要求

1．选择自己熟悉的直播平台。

2．多渠道进行直播预热推广。

3．根据直播营销推广过程中存在的问题，提出针对性的建议，以优化直播营销推广的效果。

第6章

直播间的营销管理

直播营销是一个和用户互动的过程，这需要主播掌握一定的直播营销话术和技巧。优秀的直播营销话术能够让用户产生专业的感觉，从而促成用户下单，提高转化率。本章主要讲述直播营销话术设计、直播营销话术、调动直播间人气方法、直播间的氛围管理、直播营销技巧等。

【教学目标】

知识目标	☑ 熟悉直播营销话术设计要点
	☑ 熟悉直播营销话术设计原则
	☑ 熟悉直播营销技巧
技能目标	☑ 掌握直播营销话术
	☑ 掌握直播促销方法
	☑ 掌握直播间的氛围管理
素养目标	☑ 提升语言表达能力，培养自信心

【引导案例】

董明珠直播卖家电

董明珠在抖音平台的首次直播由于网络卡顿，直播效果并不好，只收获了23万元的销售额。然而，这名在业界叱咤风云的女企业家并没有服输，在接下来的时间里，她转战快手、京东、淘宝，创下一连串耀眼的战绩。

2021年5月10日，董明珠在快手开启了第二场直播，销售额达3.1亿元。

2021年5月15日，董明珠在京东直播，销售额达7.03亿元。

2021年6月1日，董明珠在淘宝直播，全天实时销售额超过65.4亿元。

董明珠直播的亮点如下。

（1）以嘉宾的角色出席。董明珠在直播中是以嘉宾的角色出席的，并非主播。她通常都是开个场，奠定直播的基调，然后将直播变现的工作交由专业成熟的主播来完成。企业家更适合以嘉宾的角色参与直播，负责向外界传递品牌的形象与价值观。

（2）采用成熟稳重的风格。大多数头部主播的直播风格都属于亢奋型，需要积极热情地向用户推荐直播商品，通常其音调较高、语速较快，以增强感染力，留住进入直播间的用户。

但是，董明珠在直播时一直表现得成熟稳重、落落大方，符合企业家在大多数人心中的形象。

（3）提前熟悉直播商品。在前几场直播中，董明珠除了作为嘉宾，通常还会现场介绍一款商品。如在快手直播中主播邀请董明珠向用户推了一款格力生产的便携式榨汁杯。董明珠讲解得非常熟练，对商品卖点及使用方法如数家珍，甚至连主播都插不上话，从中能看出董明珠是做足了功课的。

讲清楚卖点是主播的基本功，这对企业家做直播也尤为关键。当一个企业家能够细致地讲解商品的功能、用法时，用户就会觉得其是真诚的，觉得其真的了解商品。

因此，如果直播中设计了企业家介绍商品的环节，一定要事先让企业家熟悉商品的功能和用法，至少要在直播时让用户看出其真的做了功课，从而让用户放心。

（4）降低商品价格。董明珠和直播平台合作，获得了流量的加持，再加上补贴，直播商品的价格就能降到很低，如空调、冰箱、热水器、电饭煲、空气净化器等多个品类的价格都比平时低得多，从而激发用户的购买欲望。

（5）精心设计宣传视频。企业家代表了企业与品牌的形象，其参与直播起到了宣传企业与品牌的作用。宣传企业的传统方式大多是花钱投广告，且费用通常不低。然而，一场精心策划的直播，在平台流量的扶持下，一晚上就可能获得百万级别甚至千万级别的流量曝光。

因此，董明珠在京东直播时，会在直播开场前15分钟左右放一段先导片，时长不到2分钟，循环播放。其中讲述了格力在市场中的担当、贡献，所取得的突破与科技创新。

思考与讨论

（1）董明珠的直播有哪些值得学习的地方？

（2）董明珠的直播给你带来的最大启发是什么？

6.1　直播营销话术设计

对于主播来说，话术水平的高低会直接影响直播间商品的销售效果。因此在直播营销中，巧妙地设计话术至关重要。

6.1.1　直播营销话术应用技巧

直播营销话术是对商品特点、功效、材质等的口语化表达，是主播吸引用户停留的关键，也是促成交易的关键。好的直播营销话术有利于促成交易、控制直播节奏、营造直播氛围。

直播营销话术也可以理解为根据用户的期望、需求、动机等，通过分析直播商品所针对的个人或群体的心理特征，运用有效的心理策略组织的高效且富有深度的语言。主播在应用直播营销话术时需要把握好以下要点。

> ✍ 课堂讨论
>
> 直播营销话术设计的要点和原则是什么？

1．表达口语化，搭配肢体语言

主播进行直播营销时，表达要口语化，同时搭配丰富的肢体语言。这样能使主播的整体表现具有很强的感染力，把用户带入主播描绘的场景。浅显易懂的语言加上直播现场的演示，能够直接戳中用户的痛点，让用户的感受更真实，更容易做出购买决策。

2．灵活运用话术，表达要适当

很多新手主播经常套用一种话术模板或框架，但需要注意的是，话术并不是一成不变的，要活学活用，特别是面对用户提出的问题时，要慎重考虑后再回答。

对于表扬或点赞，主播可以积极回应；对于善意的建议，主播可以酌情采纳；对于正面的批评，主播可以坦荡认错；对于恶意谩骂，主播可以不理会。

3．话术配合情绪表达

新手主播往往缺乏直播经验，可能经常会遇到忘词的情况，这时主播可以参考话术脚本，并且要注意配合情绪表达，面部表情要丰富，情感要真诚，以及使用好道具等。

使用话术时，主播不能表现得过于怯懦或强势。过于怯懦会让主播失去自己的主导地位，变得非常被动，容易被用户牵着走；而如果主播过于强势，自说自话，根本不关心用户的想法或喜好，则不利于聚集用户和增加流量。

4．语调富于变化，语速适当

在直播时，主播的语调要抑扬顿挫，富于变化；语速要适当，确保用户能够听清讲话内容。主播可以根据直播内容的不同，灵活变化语速。如果主播想促成用户下单，语速可以适当快一些，用激情来感染用户；如果主播要讲专业性内容，语速可以稍微慢一些，这样能让用户更好地吸收所讲内容。

6.1.2 直播营销话术设计原则

主播与用户进行交流与沟通时，语言是主播思维的集中表现，能够体现出主播的个人修养与气质。直播营销话术设计原则如图6-1所示。

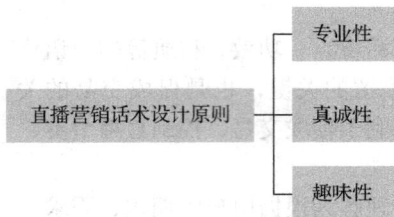

图6-1 直播营销话术设计原则

1. 专业性

专业性体现在两个方面：一是主播对商品的认知程度，主播对商品认知得越全面、越深刻，在进行商品介绍时就越游刃有余，越能彰显自己的专业程度，也就越能让用户产生信任感；二是主播语言表达的成熟度，同样的话，由经验丰富的主播说出来往往比由新手主播说出来更容易赢得用户的认同和信任。

🎓 **小提示**

专业的内容是直播的核心。在竞争日益激烈的直播行业，只有不断提高营销话术的专业能力，才能在直播这片肥沃的土壤上扎根，才能在直播中融入自己的专业见解，说话才会更有内涵、更有分量，才能更容易赢得用户的信任。

---

2. 真诚性

在设计直播营销话术时，主播要遵循真诚性原则，应从用户的视角来设计商品的说明、商品的种类、商家提供的各项服务等，这样才会让用户感到满意。真诚的力量是不可估量的，真诚的态度和语言容易激发用户产生情感共鸣，提高主播与用户的亲密度，拉近双方的心理距离，从而增强用户的黏性，提高用户的忠诚度。

3. 趣味性

趣味性原则是指直播营销话术具有幽默感，不能让用户觉得直播内容枯燥无味。有人说，语言的最高境界就是幽默。幽默的语言还是直播间的气氛调节剂，有助于营造良好、和谐的氛围，并加速主播与用户建立友好关系的过程。

知识窗

主播在表达幽默时一定要适度，要掌握好分寸，不能给用户留下轻浮、不可靠的印象。主播还要注意表达幽默的内容，可以在出现尴尬场面时进行自我调侃，但不要触及私人问题或敏感话题，而且不能冲淡直播主题。

6.2　直播营销话术

直播营销的最终目的是把商品销售出去，所以主播要掌握一些直播营销话术。常见的直播营销话术可以分为开场话术、留人话术、互动话术、商品介绍话术、催单话术、结束话术。

6.2.1　开场话术

在直播开场的时候，主播首先需要对来直播间的用户表示欢迎。理论上在直播冷启动阶段，主播对每一个进直播间的人都要欢迎一下。下面就来讲解开场话术，包括开场话术的要素、开场形式等内容。

1．开场话术的要素

开场话术给用户的第一印象，是决定用户是否继续留在直播间的关键。开场话术的要素如下。

（1）激发兴趣。开场话术首先要能激发用户的兴趣，只有用户对直播的内容感兴趣，才会留下来继续观看。

（2）植入广告。营销是开展直播的目的之一，所以在直播开场时，主播可以从以下几个方面来植入广告，如图6-2所示。

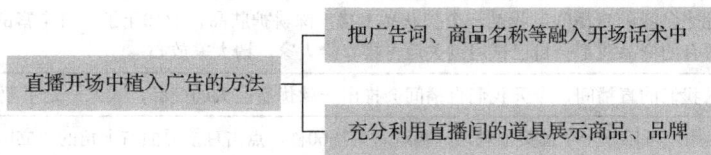

图6-2　直播开场中植入广告的方法

（3）明确发福利的目的，提高用户活跃度。直播开场发福利的目的主要是促进用户与主播互动，提高用户的活跃度和黏性。因此，主播不能认为把红包、优惠券发出去就可以了，而是需要通过发红包和优惠券提高用户的活跃度。

2．开场形式

在直播中，一个好的开场能达到事半功倍的效果。常见的开场形式如图6-3所示。

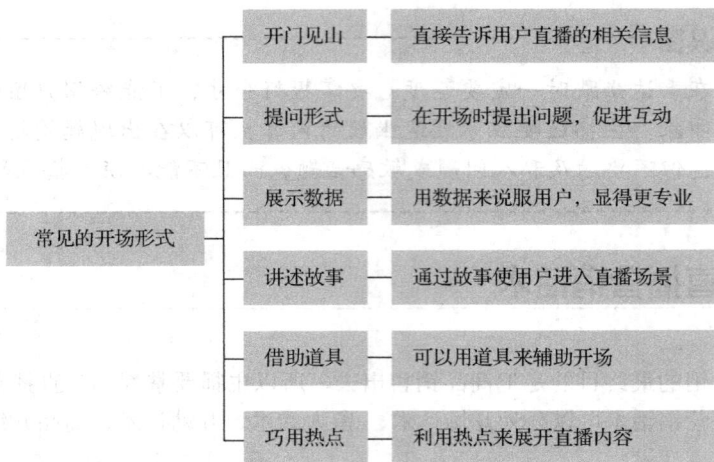

图6-3　常见的开场形式

常见的开场话术如表6-1所示。

表6-1　常见的开场话术

嗨，大家好，我是×××，欢迎大家来到×××直播间。今天是"6·18"年中大促销，我为大家带来多款超值商品，今天直播间的朋友可以享受超低直播价
我是×××，今天来给大家分享几个美妆小技巧，学会了你也可以是美妆达人。记得关注我，以了解更多简单易上手的美妆小技巧
欢迎大家进入直播间，今天要给大家介绍的是护肤技巧，感兴趣的朋友记得关注直播间
欢迎×××来到我的直播间，很多人说是因为我的歌声/舞姿/幽默感留下来的，你也是吗
欢迎×××回来，每一场直播都见到你来，特别感动，真的
欢迎朋友们来到我的直播间，主播是新人，希望朋友们多多支持、多多捧场
大家晚上好，我先来预告一下今天晚上的商品有哪些
大家好，欢迎来到我的直播间，我是一个护肤品主播，深耕护肤品行业10年了，有丰富的资源和较强的专业性，所有的商品我会自己试用过关后再推荐给大家，请大家放心
欢迎大家进入我们的直播间，今天我们直播间会推出一款优惠巨大的商品，大家一定不要错过
刚进直播间的用户可以领一个抽奖福利，只需观看直播60秒，点击直播界面右上角的"立即抽奖"即可
开播先给大家来个福利，大家想要红包还是优惠券？想要红包的发送1，想要优惠券的发送2，哪边人多，我们就发哪个福利
大家好，我们是厂家自播，没有中间商赚差价，我们会给大家意想不到的折扣

6.2.2　留人话术

留人话术用于留住进入直播间的用户，提高直播间的用户留存率。根据平台的推荐算法，通常直播间人多，互动率高，系统就会把直播实时推荐给更多人。主播可以用幽默的语言吸引用户，或者设置福利、及时回答用户提问，让用户停留在直播间，并且关注直播间。

留人话术的内容涉及两方面，如图6-4所示。

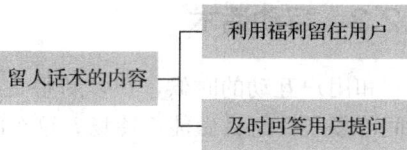

留人话术的内容 ──── 利用福利留住用户

留人话术的内容 ──── 及时回答用户提问

图6-4　留人话术的内容

1. 利用福利留住用户

主播可利用各种福利留住用户，如包邮、赠送礼品等。主播可5～10分钟提醒一次，因为直播间经常会有新进入的用户。

2. 及时回答用户提问

及时回答用户提问非常重要。因为会在直播间提问的，多是意向用户。主播要及时回答用户提问，同时加上引导话术，以促进成交。

常见的留人话术如表6-2所示。

表6-2　常见的留人话术

感谢××的关注，还没关注主播的朋友抓紧关注哟，主播每天都会赠送惊喜福利
喜欢××直播间的朋友，记得关注一下直播间，连续签到7天可以获得一张2元的优惠券
想继续了解辅助搭配技巧、美妆技巧的朋友们，可以关注一下主播
今晚我们为观看直播的朋友们专门建立了一个免费的美妆交流群，欢迎大家加入，我们会不定期地在群里为大家分享一些护肤方法和化妆技巧
喜欢我的朋友们请动动你们的小手，点击"关注"按钮，12点整就可以参与抽免单了。大家还可以去找客服领10元优惠券
直播间的朋友们，12点整的时候我们就开始抽免单了。还没有点关注的在上方点个关注，加入我们的粉丝团
刚才提到的问题，我看到好多人都说不知道，来看一下××
感谢××的关注，还没关注的抓紧关注哟，主播每天都会给你们带来不同的惊喜
刚刚进入直播间的朋友，记得点击一下上方的"订阅"按钮，每次有福利会第一时间通知您！大家记得关注一下我们的直播间，不然下次观看直播又得花时间搜索
今天会在关注直播间的朋友中，抽出一个送神秘大奖，还没关注的朋友赶紧关注
今后直播间还会给大家带来非常多的好东西，一定要关注我们的直播间
各位注意了!今天直播抽奖的奖品真的超级丰厚
下一次抽奖将在××分钟后/××点××分进行!会送出大礼，朋友们千万不要走开
刚进直播间，没有领到优惠券的朋友赶紧私信客服领一下优惠券
明天直播间还会抽出一名幸运免单用户，大家一定要先关注主播，主播不定时会送出惊喜福利

6.2.3 互动话术

和用户互动的时候，很多新手主播比较被动，有人问就答，没人提问，就让直播间冷场了。怎么做能不冷场？这个时候就需要用到互动话术。

系统会根据用户的互动数据来进行视频推荐，根据视频的点赞、评论、转发、收藏等数据来判断是否要将其推送到下一个流量池。直播间也是同样的原理，当直播间用户互动得越多时，直播间就会被推送给越多人。

> **知识窗**
>
> 在主播直播的过程中，用户会不时地询问一些他们没有听明白的内容，如商品的细节、直播间的优惠活动等。而用户进入直播间的时间并不统一，主播回答了一位用户关于商品的某个问题，不久后可能就会有刚刚进入直播间的用户询问同样的问题。这样的情况经常发生，主播需要时刻对用户保持耐心，认真对待用户的每一次提问。即使是相同的问题，主播也要认真回答。

主播要通过与用户互动增强用户的参与感，要通过制造话题让用户展开讨论，让用户参与互动。在推销商品的过程中，主播可以抛出一个与商品有关的话题，引发用户讨论。

主播在通过话题讨论调动用户积极性的同时，也要对与用户的互动进行把控。用户的情绪过于高昂或话题讨论的时间过长，都对接下来的直播不利。通常主播可以通过以下话术与用户进行互动，如图6-5所示。

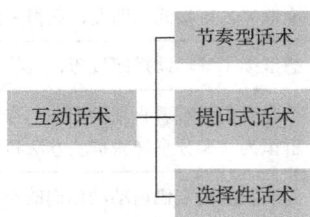

图6-5 互动话术

1. 节奏型话术

节奏型话术旨在让用户参与互动并发言，新进来的用户看到直播间很活跃，就会很好奇为什么那么多人参与互动，主播到底直播了什么。

比如，"觉得主播唱得好听的打出100""打出520让我感受一下你们的热情"。图6-6所示为"刷100"。

2. 提问式话术

使用提问式话术提出的问题的答案只能是肯定或否定的，用户用几个字就能表明观点，主播也能快速知晓用户的答案，不至于在等用户回答时冷场。

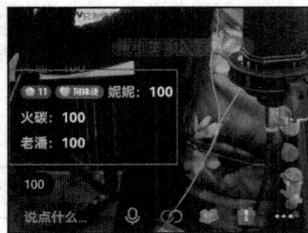

图6-6 "刷100"

比如，"刚刚分享的小技巧大家学会了吗？""你们能听到我的声音吗？""这款口红大家以前用过吗？"等。

3. 选择性话术

选择性话术会抛给用户一个选择题，主播的发言成本很低，但能够迅速让用户参与互动。

比如，"想听《×××》的在评论区打出1，不想听的在评论区打出0""想让主播换左手边这一套衣服的在评论区打出1，换右手边这一套的在评论区打出2"。

常见的互动话术如表6-3所示。

表6-3 常见的互动话术

看了刚才的PPT演示，不知道大家以前是怎么做的，欢迎在评论区留言
刚刚给大家分享的小技巧大家学会了吗
商场专柜价199元，在直播间购买只要119元，还送好礼……倒计时5，4，3，2，1
我看一下谁点赞最多，有个人一直在点赞啊！多少次？天啊，235次
今天我邀请了一位重磅嘉宾来到我的直播间，大家猜一猜是谁
我看一下评论区，知道×××的在评论区打出1，不知道×××的在评论区打出2
这款口红大家以前用过吗
朋友们，不要吝啬你们的点赞，希望今天大家能让我获得的点赞数达到新的高度
现在直播间有1万人，到1.5万人，我截图抽人送个大奖，好不好？大家把链接分享出去
感谢这位朋友给我打赏，我也是非常需要鼓励的。这位打赏的朋友待会儿可以到粉丝群提一个问题，我保证回答
已经有6 000人来到我们的直播间了，希望有更多的朋友来到我们的直播间，也感谢很多朋友的评论
你们想听与面料、尺码有关的细节吗？想听的在评论区打个1，不想听的在评论区打个0
参与直播抽奖并中奖的朋友，一定要点击界面左下角的私信按钮，私信客服领取礼物
听懂的打1，没听懂的打2
觉得主播讲得有道理的打个1吧

6.2.4 商品介绍话术

商品介绍话术是对商品的基本属性、卖点、优势、商品所对应的用户群体特征等信息的归纳。使用商品介绍话术可以拉近主播与用户之间的距离，有助于用户产生信任感，促进用户做出购买决策，拉动销售。除了商品本身的特点之外，主播还可以通过数据来告知用户商品的优势。

在展示商品的过程中，主播需要讲解商品的优点，突出商品的高性价比，激发用户的购物热情。介绍商品的原则如图6-7所示。

1. 多次提醒商品的优惠政策

商品的优点能够体现商品的价值，而商品的优惠政策能够突出商品的高性价比。因此，在直播过程中，主播需要多次提醒用户在直播间购买商品能享受的优惠，如"现在下单享受8折优惠""本件商品7折促销"等。对商品的优惠政策进行多次提醒也能够强化用户对商品高性价比的认知，从而激发用户的购物热情。

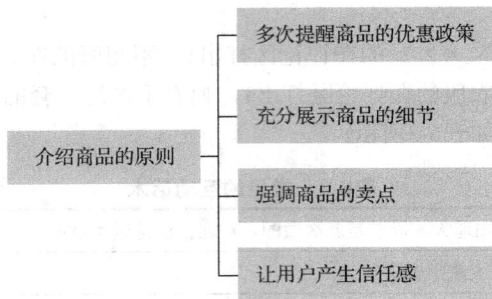

图6-7　介绍商品的原则

2. 充分展示商品的细节

要想提高商品的成交率，除了突出商品的独特性、高性价比，充分展示商品细节也具有很关键的作用。很多主播在展示商品时都会把商品贴近镜头，以清晰地向用户展示商品的颜色、纹理等细节。图6-8所示为充分展示商品的细节。主播可以对着镜头摸一下衣料，用指甲轻划一下皮具等，展示商品的手感和质感。同时，主播还可以适时展示商品的生产细节。对商品细节的展示能够强化用户对商品优点的认知，激发用户的购物热情。

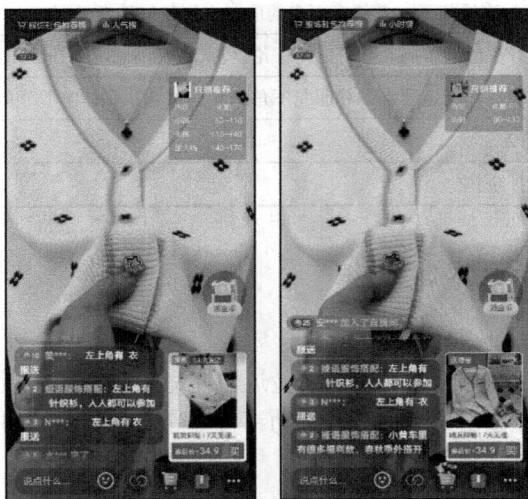

图6-8　充分展示商品的细节

服装类商品需要展示的细节有吊牌、拉链、缝线、内标、Logo、领口、袖口等，展示的细节越多，用户看得越清楚，对商品产生好感及购买的可能性也就越大。

小提示

　　以销售服装为例，在直播的商品介绍环节，主播可以首先对每件服装的外观、面料、式样、尺码、穿衣场景等进行介绍。在展示服装的环节，主播可以对该服装的外观进行详细描述，以便放大服装的优点，强化用户的记忆。

3．强调商品的卖点

　　在推荐商品时，主播可以把重点放在商品的卖点上，如商品的外观、材质、品牌、款式等。例如，"这款包用的是PVC（聚氯乙烯）材质，耐磨且防水，性价比十分高"。主播还可以将商品与其他品牌的同类产品进行对比，抓住和强调该商品与众不同的特征，以体现商品的高性价比或者商品在其他方面的优势。

4．让用户产生信任感

　　直播"带货"的缺点就是用户接触不到商品，只能通过主播的描述来了解商品。因此，主播要能够从专业的角度出发，针对商品做讲解，并指导用户根据自己的情况选择商品。用户对主播产生一定的信任感，才会下单。

　　常见的商品介绍话术如表6-4所示。

表6-4　常见的商品介绍话术

阳光照射到这件商品上的时候，会有非常漂亮的光泽感
果肉很新鲜，不是风干的那种，酸酸甜甜的口味，你们会喜欢吃的
可以买给长辈，无论是爷爷、奶奶还是爸爸、妈妈都会喜欢的，吃起来不会有腻的感觉
我非常喜欢这个商品，其性价比较高，你买回去给你的妈妈吃一下，她会觉得非常好吃
这件外套带有几何波浪纹，是收腰的款式，款式十分新颖
我现在穿的这条裙子是羊毛针织裙，并且是灯笼袖的。这样的款式适合多种体型，也非常适合上班穿
穿着白纱裙在海边漫步，享受温柔的海风的吹拂，空气里仿佛充满了夏日阳光的味道
这款便携式果汁机是我用过的果汁机中感觉很好的一款，它的外观设计和安全设计都非常好。今天我为大家争取到了7折的优惠价

6.2.5　催单话术

　　催单话术用于刺激用户下单。很多用户在下单时可能会犹豫不决，这时主播就需要用催单话术刺激用户下单。

　　催单话术要不断强调商品效果和价格优势。主播应该想尽办法缩短用户思考的时间，可以使用倒计时方式，刺激用户下单。

　　在催单时，主播可以采用以下技巧，如图6-9所示。

图6-9　催单技巧

1. 强调商品优势

主播在催促用户下单时应注意，用户购买商品是因为这款商品符合他们的需求。所以，主播要帮助用户确定自己对商品的需求，反复强调商品的优势。主播抓住时机，对商品的优势进行反复强调，能把用户的购买欲望调动起来，让用户在购买欲望最强烈的时刻迅速下单。

主播反复强调商品的优势，也是对用户的心理暗示，一方面可以抓住用户的痛点，另一方面也能够让用户明白自己的确很需要这款商品，最终促使用户下单。

2. 展现价格优势

主播可以展示商品的市场价，将其与直播间的价格进行对比，说明价格优势，让用户感到商品真的很便宜，并且物超所值。比如，主播在展现价格优势时可以这样说："这款防晒喷雾在××旗舰店的价格是79元1瓶，今天晚上在我们直播间的用户，享受买2瓶直接减79元的优惠，相当于买第一瓶要79元，买第二瓶不要钱，真的很值。"

🎓 **小提示**

主播在直播销售中要时刻把握用户的购买欲望。一旦用户表现出强烈的购买意向，主播就要通过催单话术尽快让用户支付定金或者全款。这样做能够减少用户犹豫的时间，提高商品的成交率。

常见的催单话术如表6-5所示。

表6-5 常见的催单话术

各位朋友，看中的赶紧下手，不要错过优惠
这款商品原价是198元，为了回馈大家的厚爱，现在只要148元。喜欢这款商品的朋友请不要再犹豫了
库存还有100件，大家抓紧时间下单
这款商品连续3年销量都是非常棒的，这次以超低价回馈给我们的客户
本次活动力度十分大，走过路过不要错过
超市里卖199元一盒，我们直播间里卖128.8元一盒
今天晚上，直播间里商品的价格真的非常低
这一款商品优惠幅度很大，如果看中了一定要及时下单
这次活动的优惠力度真的很大，可以再加一套，很划算，错过真的很可惜
我给大家争取到了十分优惠的价格，现在买很划算
这款眼线笔真的值得购买，一支能用很久，算下来一天不到0.3元
今天在直播间里能以福利价购买的名额为×个，大家赶快点击界面左下角的购物车按钮购买
各位朋友，机会不是天天有，该出手时就出手，请大家看中抓紧下单
如果朋友们还没有想清楚要不要拍、什么时候拍，完全可以先点击收藏加入购物车，或者先提交订单获得优惠机会
刚错过的朋友们，现在下单还来得及。特别为你们开了一个末班车，大家下手要快

6.2.6　结束话术

主播在直播结束前需要做的工作是有礼貌地与用户告别。除此之外，直播快结束时，主播可以预告下一场直播的时间、商品、福利；同时，再次提醒直播间接下来会提供的福利、商品等，甚至可以直接告知用户某款商品具体的上架时间，方便一些不能一直坚守在直播间的用户购买。

常见的结束话术如表6-6所示。

表6-6　常见的结束话术

谢谢大家，今天的直播接近尾声了，明天晚上8点，同样的时间直播
请大家点击一下界面右下角的转发按钮，和好友分享我们的直播间，谢谢
好了，今天的直播就先到这里了，明天再见
大家还有什么想要的商品，可以在交流群里留言，我们会非常认真地为大家选品，在下次直播时推荐给大家
好了，还有×分钟就要下播了，最后再和大家说一下，下次直播有你们想要的×××，优惠力度非常大，大家一定要记得来
明天晚上8点，也有福利送给大家，希望大家可以继续关注×××直播间
好，我们看一下明天晚上有哪些商品，给大家预告一下
主播马上就要下播了，感谢大家陪伴，还没点关注的朋友们点一点关注
下次直播给你们送礼物，并且会给你们多送一点儿
我的直播时间是每天的××点到××点，大家记得每天准时观看
觉得我们讲得不错的记得关注直播间，下一周我们还有×××分享
感谢朋友们今天的陪伴，感谢所有进入直播间的朋友们，谢谢你们的关注、点赞
又到下播的时间了，感谢大家从开播一直陪我到下播，主播会继续为大家带来更多的福利

6.3　直播促销方法

接下来介绍直播促销方法，包括派发红包、开展抽奖活动、发放优惠券、发起互动小游戏、赠品促销、预售促销。

6.3.1　派发红包

一场完美的直播离不开主播与用户之间的互动，用户越活跃，直播效果越好。派发红包是直播间比较常见的一种促销策略。在直播期间，向用户派发红包的操作方法如表6-7所示。

表6-7　派发红包的操作方法

派发红包的步骤	具体做法
约定时间	主播提前告诉用户，5分钟或10分钟以后准时派发红包，并引导用户邀请朋友进入直播间领红包。这样不仅可以活跃气氛，还会提升直播间的流量
派发红包	到达约定的时间后，主播或助理就要在平台上发红包，为了提醒用户、营造热闹的氛围，主播可在发红包之前进行倒计时

对于新主播来说，其前期粉丝数量很少，可以采用派发红包的方式来提升直播间的人气，派发的红包如图6-10所示。派发红包要在介绍完商品，并等待用户输入指定内容、下订单以后进行。主播可以这样说："好了，现在又进入我们的发红包环节了，主播马上就要派发红包了！"主播可以进行倒计时，让用户做好准备，并在派发完红包以后展示领红包的人数。

下面介绍直播派发红包的技巧。

（1）刚开始直播时，观看直播的人数较少，主播在主播间不断发放小额红包可以为直播间积累人气，吸引更多人进入直播间，后续人数增加后主播可再发放大额红包。

图6-10　派发的红包

（2）在线人数平稳时，主播可增加红包发放数量，让更多用户可以领到红包，避免用户中途退出。若用户领红包的重复率太高，发红包的时间要延长，让更多新进入直播间的用户可以领到红包，以便稳定在线观看人数。若是直播间在线观看人数有所减少，主播要立刻派发红包，以吸引用户观看直播。

（3）在线观看人数达到峰值时，主播可发放大额红包，并增加红包数量，争取最大限度地进行外推和拉新，加强曝光效果。

（4）在某个节点派发红包，如点赞满2万次时派发红包。尽量不要在固定时间点派发红包，如整点派发红包，因为这样用户可能只会在固定时间点进入直播间领红包，直播间的互动性会差很多。只有在与用户的互动达到一定程度时派发红包，用户才会更有参与互动的积极性，这样才能更快地提升直播间的人气。

除了直接发放现金红包，主播还可以发放口令红包。口令红包是撬动主播的私域流量的引流工具。口令红包为随机面额红包，用户只能在对应主播的直播间下单时使用。主播配置完红包模板后可在投放前设置口令，将口令发在微信群、微博等，引导用户在直播间评论区输入口令领口令红包。图6-11所示为口令红包。

图6-11　口令红包

一般来说，口令红包多采取优惠券形式，即用户在领到红包以后，只能用于购买指定商品，否则这个红包就没有意义。因此，在领到红包以后，很多用户会选择购买指定商品，以免浪费红包，这就提高了用户的购买转化率。

要想获得更好的营销效果，主播可以对口令红包的使用做出限制，如表6-8所示。

表6-8 口令红包的使用限制

使用限制的类型	说明
使用条件	红包必须满足一定条件才能使用，如"满99元可使用"
使用期限	必须在限定的时间内使用红包才能获得购买优惠

6.3.2 开展抽奖活动

抽奖活动是主播与直播间用户互动、拉新涨粉的利器，不但有助于活跃直播间氛围，提升直播流量，还能通过用户拉新助力的方式产生裂变、促进涨粉，帮助主播提升用户的直播间停留时长。同时，用户在参与抽奖活动时可以帮助直播间提升转化率。

主播通过抽奖活动来吸引用户观看直播，可以大幅增强用户黏性。用户有追求实惠的心理，抽奖活动则能够带给用户直接的实惠。在观看直播的过程中，用户追求实惠的心理得到了满足，自然会关注主播的直播间，因此，主播就会获得更多粉丝。图6-12所示为直播间抽奖活动。

图6-12 直播间抽奖活动

开展抽奖活动并不只是为了将奖品送出去，主播需要把握开展抽奖活动的技巧。

（1）主播要让更多用户知道自己在开展抽奖活动，同时让其了解抽奖的形式和内容。主播可以提前发布抽奖活动的预告，吸引更多用户关注。主播可定期开展抽奖活动，以持续刺激用户产生购买行为。

（2）用户参与活动后，需要在直播间等待开奖，中途离开则抽奖资格失效。所以主播要注意抽奖活动时间不要设置得太长，尽量控制在15分钟以内，可以设置多轮抽奖活动。

（3）主播要注意直播的节奏和与用户的互动。在抽奖之前，主播应提醒用户点赞、评论等，待直播间的气氛活跃起来后再进行抽奖。

（4）抽奖的整个过程应公开、公平、公正，不要让用户质疑抽奖的公平性。

（5）在抽奖结束后，主播在公布中奖名单时需要对中奖的用户表示恭喜，同时让没有中奖的用户不要灰心，告知其下一次抽奖的具体时间、抽奖的内容等，增加用户的期待感。

6.3.3 发放优惠券

优惠券是虚拟电子现金券，用户在直播间购买商品时，可以使用优惠券抵扣现金。发放优惠券的促销策略具有较强的灵活性，优惠券的面额、发放对象及发放数量由主播决定。

发放优惠券的成本很低，并且发放对象多是直播间里的用户，能实现精准投放。发放优惠券可以加强用户与主播的互动，同时能够强化直播的变现能力。如果用户对主播推销的商品比较满意，那么此时主播向用户发放优惠券就能够有效刺激其将消费想法转化为行动，从而产生消费行为。在腾讯视频直播间中发放优惠券的方法如图6-13所示。

主播在发放优惠券时要设置一定的规则，如优惠券不兑现、有明确的使用期限、过期不补等。从福利营销的角度看，发放优惠券是为了吸引更多用户下单，增加直播间的销售额。为了更好地发挥优惠券的促销作用，主播在发放优惠券时要注意如下问题。

（1）主播为忠实的粉丝发放优惠券，能够有效地刺激他们消费。主播可以为忠实粉丝开设专场直播，这时直播的商品品类应比较丰富，主播可以为忠实粉丝介绍直播间的新款商品、经典商品、折扣商品等。在这样的专场直播中发放优惠券，能够激发忠实粉丝的购物热情，充分发挥优惠券的促销作用。

（2）创建定向优惠券。定向优惠券需要用户关注主播以后才可以领取，主播发放这种优惠券可以将对商品感兴趣的用户转化为粉丝，增加直播间的粉丝数量。图6-14所示为关注主播以后才可以领取的定向优惠券。

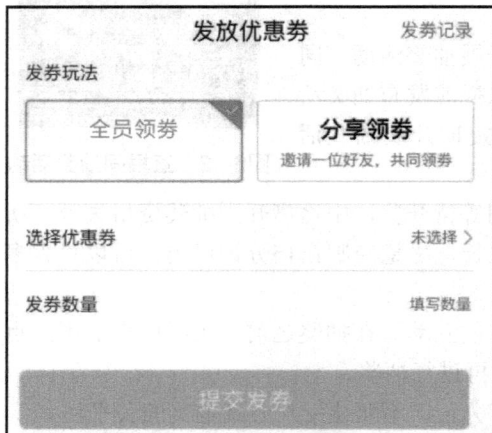

图6-13 在腾讯视频直播间中发放
优惠券的方法

图6-14 关注主播以后才可以领取的定向
优惠券

总之，在发放优惠券时，主播不仅要了解如何设置优惠券，还要注意优惠券的精准发放。只有这样，优惠券才能够充分发挥其作用，帮助提高商品销量。

6.3.4　发起互动小游戏

互动小游戏是指以挑战赛的形式让主播与用户互动，用户点赞会影响主播的分值，而主播挑战成功才能送出福利。主播要通过小游戏和用户形成良好的互动，营造出挑战感、紧张感和综艺感。

例如，在淘宝直播间发起互动小游戏，可以让直播间的互动率和观看时长大幅提升。发起互动小游戏的核心要素有以下3点，如图6-15所示。

1．充分预告

直播开始时，主播要发出互动小游戏预告，让用户有动力为了好玩的互动内容和预期的权益准时进入直播间，从而提高直播间的观看时长。预告方法可以是直播间顶部公告通知、直播间贴纸预告，也可以是主播不断直播预告。图6-16所示为直播间贴纸预告。

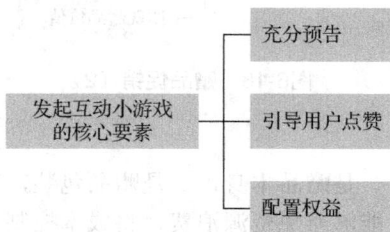

图6-15　发起互动小游戏的核心要素

图6-16　直播间贴纸预告

2．引导用户点赞

用户点赞会影响主播在游戏中获得的分值，分值越高，主播发出的权益才会越大。因此主播要引导用户点赞，以提升直播间的互动率。

3．配置权益

主播要为互动小游戏配置一定的权益，可以是大额优惠券、红包或小样。主播在配置权益时，可以根据分值设置不同的等级，也可以从点赞的用户中抽取几位，额外赠送小礼品。

6.3.5　赠品促销

赠品促销就是用户在购物满一定额度时，商家以送赠品的形式向用户提供优惠。赠品促销是常用的引流策略，其把商品作为赠品送给用户，以实物的方式给用户提供优惠。图6-17所示为赠品促销（1）。

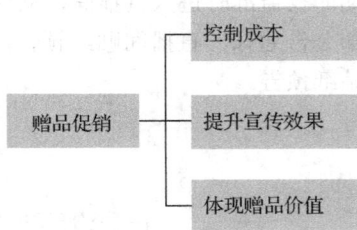

　　商家可以标明赠品的价格，也可以不标明。例如，商家可以标明"满399元赠精美饰品一件"。这件饰品只用"精美"加以描述，不涉及其价格。

　　对于商家而言，合理开展赠品促销活动可以有效提高商品的销量。商家在开展赠品促销活动时要注意以下几个方面，如图6-18所示。

图6-17　赠品促销（1）

图6-18　赠品促销（2）

1.　控制成本

　　在成本方面，商家要考虑的因素有3个：一是赠品本身，二是赠品包装，三是销售渠道。把握好这3个方面的成本，商家才能够避免资源浪费，将成本控制在合理的范围内。

2.　提升宣传效果

　　开展赠品促销活动的最终目的是宣传商品，提高商品销量。商家可以充分利用直播间、微信公众号、微博等进行多渠道宣传，最大限度地提高赠品促销活动的宣传效果。

3.　体现赠品价值

　　赠品促销的核心是让目标用户认为其"物有所值"，但赠品的价值不宜太高，否则将产生更多的成本。并且当商家提供价值很高的赠品时，用户会觉得要购买的商品的利润空间很大，从而会降低商品在他们心中的价值，甚至干脆放弃购买。

　　总之，在开展赠品促销活动时，对于赠品宣传渠道的选择等方面，商家都要制定详细的方案。只有保证赠品促销活动各环节的工作顺利开展，才能够更好地发挥赠品促销活动的营销效果。

赠品也要保证质量

赠品也是商品。只要商品进入市场，就必须遵守《中华人民共和国产品质量法》的规定，就应该符合国家有关的质量安全标准，不能是假冒伪劣商品。因此，商家必须明白，赠品虽然是免费的，但它属于经营者提供的附加商品，所以，即使是赠品也必须保证质量，必须是合格的，否则，用户在使用过程中一旦出现质量问题或发生事故，商家必须承担责任并赔偿损失。

6.3.6　预售促销

所谓预售促销，是用户需在商品上市之前付费，当预售达到一定数量或其他条件后商家才发货。预售是商家提供一个商品或者服务方案，通过直播平台聚集用户订单，按照事先约定将商品或服务提供给用户的一种销售模式。图6-19所示为预售促销。

越来越多的商家开始采用预售促销，尤其是在各大节日的时候，各大平台加大活动力度，为了促进消费造大声势。预售促销模式，其实本质上是零库存模式的具体呈现方式，是最大限度降低商家的库存管理成本、减小资金压力的有效方式。

图6-19　预售促销

6.4　直播间的氛围管理

直播营销想要做得长久，肯定少不了粉丝的支持，想要留住粉丝，日常开播的直播间氛围一定要营造好。好的互动气氛，能为直播成交助力。下面介绍直播间的氛围管理，包括直播节奏的控制、直播气氛的打造、"宠粉"款商品开局、热销款商品打造高潮、福利款商品冲流量、完美下播为下场直播预热等内容。

6.4.1　直播节奏的控制

在直播行业，一般都会有专业的工作人员把控直播时的节奏，他们就是"场控"，从字面上理解就是起控制场面作用的人员。对于现在的直播行业来说，他们的作用已经不容忽视。

一般来说，直播间的场控大部分是机构的直播运营和助理。现今，直播场控角色已经趋向于专业化。在现在的直播营销中，一般来说有以下4种场控类型，如图6-20所示。

（1）"商家式"场控。这类场控会通过一定的语言描述，制造一种主播在线真实砍价的氛围，让用户认为主播为大家争取了一个十分优惠的价格。

（2）"运营式"场控。这种类型比较常规，其会定时运用直播间玩法，例如发红包、开展抽奖活动热场，以配合主播的直播节奏。

图6-20　场控的类型

（3）"家族式"场控。顾名思义，就是主播的家庭成员来协助主播进行直播工作，充当主播的场控。由于是主播自己熟悉的家庭成员，彼此之间有一定的默契，一家人互相配合，更容易互相理解，不容易出现尴场的情况。

（4）"设计师"场控。为了更好地讲解商品设计理念和艺术价值，有的直播间会请元老级设计师来担任场控，或者请专业的直播策划者担任直播间场控。这类场控会给观看直播的用户一种专业的感觉，提高用户对商品的信服度。

6.4.2　直播气氛的打造

为了避免出现直播间由于用户人数稀少而尴尬和冷清等情况，主播必须打造良好的直播气氛。下面介绍几种常见的直播气氛的打造方式。

1. 使用丰富的肢体语言

人的肢体语言可以直接表达出自己的心情，主播做出一些可爱、有趣的肢体动作，可以更好地传递主播在销售过程中的心情状态，有时一个随意举动，就能提高用户的好感度。主播也可以将此打造成特色，获得用户的支持。

在直播过程中，主播还可以通过丰富的表情和肢体语言来感染用户的情绪，引导用户积极回应。图6-21所示就是主播在直播间通过肢体语言展示商品来吸引用户。

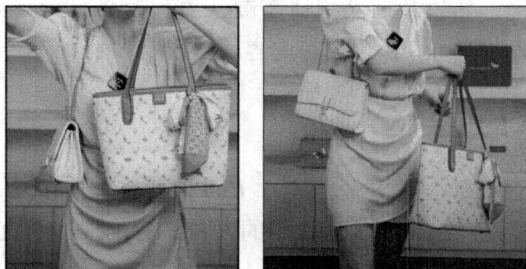

图6-21　通过肢体语言展示商品

知识窗

新手主播常见的问题如下。

（1）直播间没有内容。新手主播可能不会在开播前做一定的内容准备，开播之后也只是随意聊天，对直播间的节奏和内容没有提前规划，更不知道怎么带动氛围和消费。

（2）直播的情绪不到位。新手主播很容易因为直播间人少而出现泄气的情绪，而情绪是很容易被感知的，所以也很影响用户对主播的喜爱度。

（3）部分新手主播不努力提升自己，只会羡慕别人的成绩却不去想为什么他们会有现在的成绩，没想过他们也是从一个小主播开始的。

（4）在短期内没有人气的情况下自我怀疑却不做改变。每个主播都会有新手期，这个时期刚好是对自己的磨炼，所以要动脑和用心思考什么样的直播内容是优质的、自己适合什么样的内容等。

（5）很多新手主播不懂得怎么去留住用户，不知道应该用什么样的话术让用户持续关注自己。

2. 讲趣味段子

主播在直播间里可以给用户讲趣味段子。趣味段子具有使人开心、愉悦的功能，能够调节直播间的气氛，让用户更快地融入直播间，避免用户进入直播间没多久就退出直播间的情况发生。

主播通过讲趣味段子给用户听，可以塑造出爽朗的形象，帮助主播更好地涨粉、留粉，让新用户转化成老用户。

3. 用人生经历引发共鸣

主播可以通过与用户分享自己的人生经历来引发用户共鸣，进而活跃直播间的气氛。主播分享自己的人生经历，如果用户也有类似或者相同的经历，就可以激发用户的同理心，让用户主动和主播互动，避免直播间出现冷场的局面。

小提示

不管是分享话题，还是分享故事，内容必须积极向上、充满正能量，以主播在人生中的所感所悟为主。主播要拒绝输出负面能量，不能讨论敏感话题。

4. 明确主题增强用户黏性

主播在每次直播前一定要明确自己的直播主题，根据主题列好活动大纲，之后再根据活动内容准备好材料，这样才可以避免在直播过程中漫无目的、随意地找话题，让用户感觉主播不够专业。

尤其是对于销售主播来说，其需要明白的是自己不仅要互动，还要销售商品。这需要主播对主题严格把握，并灵活运用，这样才可以让用户产生兴趣，增强用户黏性。

6.4.3 "宠粉"款商品开局

"宠粉"款商品能让已有用户对主播产生更高的忠诚度，提高复购率。直播正式开始后，主播可以通过一些性价比较高的"宠粉"款商品吸引用户，激发其互动热情，并让用户养成守候主播开播的习惯，增强用户的黏性。

在这一步尤其需要注意的是，"宠粉"款商品不能返场，销售完以后，即便用户要求其返场的呼声再高，主播也不能心软，可以告诉用户第二天直播开始时仍然会有性价比高的商品，以此提升用户留存率。

对于"宠粉"款商品而言，高性价比是其非常重要的特点。用户在购买"宠粉"款商品时，往往会对价格比较敏感，但同时也要求商品的品质和服务优质。因此，提供高性价比的"宠粉"款商品，不仅可以提高用户的满意度，还能够提升用户的品牌忠诚度和复购率。

除了高性价比的商品，还有一些其他的"宠粉"款商品，比如用户专享礼包、定制服务等。这些商品形态的设计，既要满足用户需求，也要紧跟市场潮流趋势，从而在商品营销过程中体现出品牌的价值，提高用户黏性和活跃度。

6.4.4 热销款商品打造高潮

热销款商品也是非常关键的商品。这种商品通常具有非常高的销售量和好口碑，可以通过广告投放等方式来吸引更多的用户进入直播间。热销款商品的销售量往往能够长期维持，这也体现了其在市场上的竞争优势。

在这一步，主播要想办法营造直播间的氛围。这一步所占用的时间可以占到整场直播时间的80%，其他20%时间用于介绍商品。主播可以详细介绍热销款商品，通过与其他直播间或场控的互动来促成热销款商品的销售，将直播间的购买氛围推向高潮。

例如，某主播在销售女式单肩包时，推荐的不再是低价、"宠粉"款商品，而是高客单价商品，但互动和想要购买的用户仍然很多。只要在直播间停留10分钟，关注主播，并在评论区打出5次"单肩包"口令，就可以领取99元优惠券。对于高客单价商品来说，这种优惠非常让人心动，因此用户的参与热情高涨。

6.4.5 福利款商品冲流量

福利款商品是热销款商品的补充或者被用于承接流量，目的是拉动互动、交易。福利款商品能够稍微提高UV独立访客价值，但也不至于和热销款商品价格差别太大，不会导致转款的时候直播间瞬间少人或者没人的情况。整体上看，福利款商品大多性价比较高。

在直播的下半场，即使观看直播的人数很多，还是会有不少用户并非主播的粉丝。为了让这些用户关注主播，成为主播的粉丝，或让新粉丝持续关注主播，留在直播间，主播就要推出福利款商品，推荐一些低价或物超所值的精致小商品给用户，引导用户积极互动，从而制造直播间下半场的小高潮，提升直播场观。

6.4.6　完美下播为下场直播预热

在直播过程中已经在直播间的用户很有可能成为主播的铁杆粉丝，所以为了让他们持续关注直播间，主播在收尾时，可以预告下场直播时间、平台以及热销款商品。

如果主播能利用好下播阶段，则可以有效提升下播时的直播场观，还能提升下次开播时的直播场观。主播在下播时可以引导用户点赞，分享直播，或使用抽奖、与用户聊天互动等方式，在下播之前再制造一个小高潮，给用户留下深刻的印象，使用户感到意犹未尽。同时，主播可以利用这一时间为下次直播预热，简单介绍下场直播的商品和福利等。

6.5　直播营销技巧

直播营销技巧

主播在销售过程中，除了要把商品很好地展示给用户以外，还要掌握一些销售技巧，这样才可以更好地进行商品推销，提高主播的"带货"能力从而提升主播的商业价值。

6.5.1　介绍法

主播在直播时可以用生动形象、有画面感的话语介绍商品，以达到引导用户购买商品的效果。下面分析介绍法的3种操作方式，如图6-22所示。

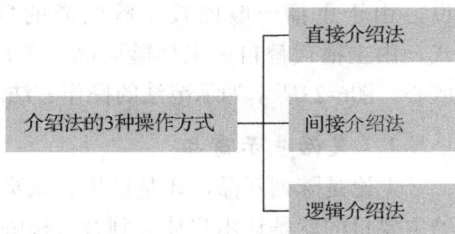

介绍法的3种操作方式 —— 直接介绍法／间接介绍法／逻辑介绍法

图6-22　介绍法的3种操作方式

1. 直接介绍法

直接介绍法是主播直接向用户介绍商品的优势和特色，进而引导用户购买的一种方法。这种方法的优势是非常节约时间，能直接让用户了解商品的优势，省去不必要的询问过程。

以食品为例，主播可直接介绍食品的原材料、食品的口感，或者在直播间标明该食品可以用消费券购买，以吸引用户目光。

2. 间接介绍法

间接介绍法是向用户介绍和商品相关或联系密切的其他事物来衬托商品。例如，主播想向用户介绍服装的质量，可以通过介绍服装的制作设备、做工、面料等来表明服装的质量过硬，值得购买。

3. 逻辑介绍法

逻辑介绍法是采取逻辑推理的方式，说服用户购买商品的方法。这也是线下商品销售常用的一种营销方法。

6.5.2　赞美法

赞美法是一种常见的营销方法，是以赞美坚定用户的购买信心，从而促成交易的一种方法。赞美对用户而言是一种动力，可以使犹豫者变得果断，使拒绝者无法拒绝。

在直播营销中，主播可以运用一些赞美的小技巧，让用户在直播间不仅能买到自己中意的商品，也能收获一份好心情。更重要的是，对用户的赞美会让用户更加喜欢直播间，加深对主播的印象。如果用户对商品很满意，那么其最终会成为直播间的忠实用户。

人都喜欢被称赞，在直播中，被赞美的用户很容易情绪高涨，并在这种心情的引导下采取购买行动。

6.5.3　示范法

示范法是主播把要推广的商品通过示范展示给用户，从而激起用户的购买欲望。由于直播营销的一些局限，用户无法体验商品，这时主播就可以代替用户来体验商品。对于用户来说，由于主播一般比较了解商品的风格和款式，由主播代替自己来体验商品，用户会更加放心。图6-23所示为示范法的操作方法。

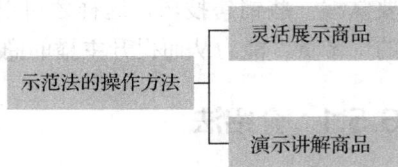

图6-23　示范法的操作方法

1. 灵活展示商品

无论是陈列商品，还是试用、试穿、试吃商品等，都可以称为示范法。示范法的主要目的就是让用户体会到亲身接触商品的感觉，同时通过把商品的优势尽可能全部展示出来，吸引用户的兴趣。

大多数直播间都会选择这种方法，对商品的各部位细节进行展示，尽可能地把商品拍摄得很漂亮。图6-24所示为某直播间的商品展示。

2. 演示讲解商品

对于直播营销人员来说，善于演示和讲解商品是非常有必要的。说再多不如让用户试用商品，就像出售床上用品的商家一般会创造一个睡眠环境，让用户在床上试睡。但直播这种线上销售方式，无法让用户试用商品。例如，在介绍服装时，主播就可以在直播过程中穿上服装，通过直播灵活地展现商品的款式和穿着效果，如图6-25所示。这样会加深用户对商品的印象，增加他们对商品的信任感。

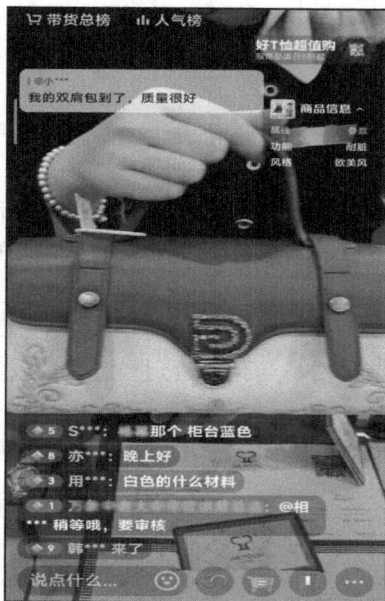

图6-24　某直播间的商品展示

图6-25　展现商品的款式和穿着效果

6.5.4　同款对比法

有一句话说得好："没有对比，就没有差距。"如果直播营销人员能够将同类商品进行对比，用户就能直观地把握商品之间的差距，更好地看到商品的优势。当然，有的人可能觉得将自己的商品和他人的商品进行对比，有贬低他人商品的意味。其实可以转换一下思路，即用自己的新款商品和旧款进行对比。这不仅可以让新款和旧款都得到展示，而且只要话语使用得当，新款和旧款的优势都可以得到展现。

图6-26所示为某主播将同品牌不同颜色的袜子进行对比，而通过直播中的对比，用户可以选择自己喜欢的颜色。

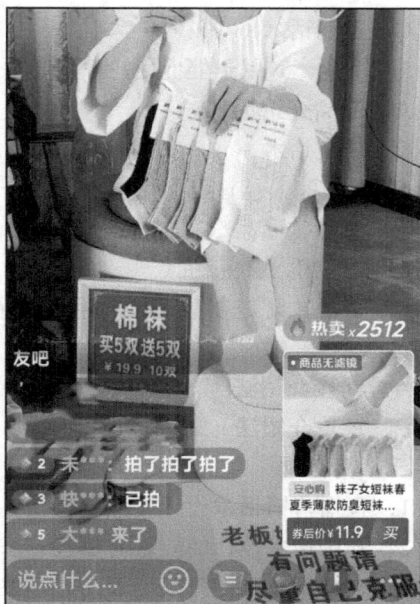

图6-26　不同颜色的袜子对比

本章自测题

一、填空题

1. _____是对商品特点、功效、材质等的口语化表达，是主播吸引用户停留的关键，也是促成交易的关键。

2. _____话术是对商品的基本属性、卖点、优势，商品所对应的用户群体特征等信息的归纳。

3. 直播促销方法包括_____、_____、_____、_____、_____、_____。

4. _____是用户需在商品上市之前付费，当预售达到一定数量或其他条件后商家才发货。

5. 在直播行业，一般都会有专业的工作人员把控直播时的节奏，他们就是_____。

二、选择题

1. 开场话术首先要能（　　）。
   A. 激发用户的兴趣　　　　　　　B. 植入广告
   C. 明确发福利的时间　　　　　　D. 表情丰富

2. （　　）用于留住进入直播间的用户，提高直播间的用户留存率。
   A. 欢迎话术　　　　　　　　　　B. 留人话术
   C. 互动话术　　　　　　　　　　D. 开场话术

3. （　　）用于催促用户下单。
   A. 商品介绍话术　　　　　　　　B. 催单话术
   C. 成交话术　　　　　　　　　　D. 结束话术

4. （　　）能让已有用户对主播产生更高的忠诚度，提高复购率。
   A. 热销款商品　　　　　　　　　B. 福利款商品
   C. "宠粉"款商品　　　　　　　　D. 引流款商品

5. （　　）是主播直接向用户介绍商品的优势和特色，进而引导用户购买的一种方法。
   A. 间接介绍法　　　　　　　　　B. 赞美介绍法
   C. 逻辑介绍法　　　　　　　　　D. 直接介绍法

三、简答题

1. 直播营销话术设计要点有哪些？
2. 开场话术设计的要素有哪些？
3. 介绍商品时如何突出商品的高性价比？
4. 直播派发红包的技巧有哪些？
5. 常见的直播气氛打造方式有哪些？

任务实训——服装"带货"直播实战

为了更好地理解直播营销话术并掌握相关的直播营销技巧，我们将进行下述实训。

一、实训目标

1. 熟悉直播营销话术设计要点。
2. 掌握直播营销开场话术。
3. 掌握直播营销互动话术。
4. 掌握直播营销商品介绍话术。
5. 掌握直播营销催单话术。
6. 掌握直播营销结束话术。

二、实训内容

某服装店铺想通过直播"带货"，请你结合本章内容为其设计以下直播"带货"话术。

1. 开场话术。
2. 互动话术。
3. 商品介绍话术。
4. 催单话术。
5. 结束话术。

三、实训要求

1. 开始直播，用户陆续进场，主播首先自我介绍，向用户打招呼，介绍今日直播主题。

2. 分析如何调动用户的情绪，让大家多转发、点赞、留言，通过派发红包、抽奖活动、发放优惠券、赠品促销等方式活跃直播间的气氛。

3. 介绍直播间商品的卖点和优势，和其他竞品对比等，多角度展示商品。

4. 用福利和优惠刺激用户，促使其马上做决策并下单。

5. 结束时，让用户觉得在直播间学到了知识或者买到了好物，并且下次还想在直播间购物；下播时，需要预告下一场直播，以及感谢工作人员与用户。

第7章

直播营销数据分析与复盘

现在，已经有越来越多的商家意识到数据是直播营销坚实可靠的后盾。不进行数据分析就制定营销策略的商家，在大数据时代很难生存。随着直播竞争越来越激烈，数据分析作为一种有效的营销工具进入直播商家的视野。本章内容包括数据分析概述、直播数据分析的思路、数据分析指标、直播营销的复盘及优化等。

【教学目标】

知识目标	☑ 熟悉数据分析的定义
	☑ 熟悉数据的类型
技能目标	☑ 掌握直播数据分析的思路
	☑ 掌握数据分析指标
	☑ 掌握直播营销的复盘及优化
素养目标	☑ 培养拒绝造假的意识
	☑ 培养数据分析能力

【引导案例】

直播"带货"珠宝热销的背后

自从直播行业兴起之后，不少行业的销售从线下转到线上。从珠宝直播上线的第一天开始，观看的人就非常多，毕竟珠宝在我们日常生活中属于奢侈品，很少有人没事就逛珠宝店。喜欢抖音珠宝直播的朋友们，可能经常刷到董先生的珠宝直播间，他的直播间单场直播销售额曾经破2亿元。

踏入抖音直播领域之前，董先生就已经在珠宝行业耕耘近10年，对珠宝行业有很透彻的认识。2020年董先生开始接触抖音电商，通过向主播供货来销售珠宝。

董先生在供货一段时间之后，就发现了部分主播直播的弊端。所以，2021年，董先生开始转型，自己拍摄珠宝讲解视频，从珠宝材质、工艺、装饰讲到如何正确购买珠宝，为自己的账号积累原始粉丝。有了一定的粉丝量之后，董先生开始直播讲解珠宝，一开始直播也没人看，更没人下单。但当有了专业的数据分析和运营人员加入之后，直播销售额开始有所提升。此后，董先生珠宝直播越播越好，备受业内人士关注。

董先生珠宝直播间的成功，离不开董先生本人过硬的"带货"能力、优质的供应链资源，以及专业运营团队的加持。其无论是在短视频内容创作环节，还是直播间促销、直播后数据分析环节，都实现了高效运转。

思考与讨论

（1）直播中数据分析有哪些作用？

（2）董先生珠宝"带货"成功的原因有哪些？

7.1　数据分析概述

数据分析是直播营销必不可少的一项基础工作，只有做好数据分析，才能对直播间的趋势进行预判，对直播效果进行优化。下面介绍数据分析的定义与数据分析的类型。

> 数据分析
> 概述

> **课堂讨论**
>
> 什么是数据分析？
> 数据分析有哪些类型？

7.1.1　数据分析的定义

数据分析是指用适当的统计分析方法对收集来的大量数据进行分析，以求最大化地开发数据的功能、发挥数据的作用。数据分析是为了提取有用信息和形成结论而对数据加以详细研究和概括总结的过程。

直播数据分析通过数据的形式把直播营销各方面的情况反映出来，使直播营销团队更加了解直播营销的效果，便于直播营销团队调整直播营销策略。

直播数据分析是直播营销的核心。直播营销团队要想优化直播营销效果，发现并解决直播营销中出现的问题，提高直播营销的转化率，就需要深耕数据，对数据进行有效分析。

在直播的过程中，直播营销团队需要对直播间多项数据进行分析，寻找每一种数据之间的联系以及优化方案。例如直播间在线流量数据出现波动，可以通过数据分析来找出原因，然后从引流策略、直播间氛围等多个方面进行调整。图7-1所示为分析直播间在线流量数据。

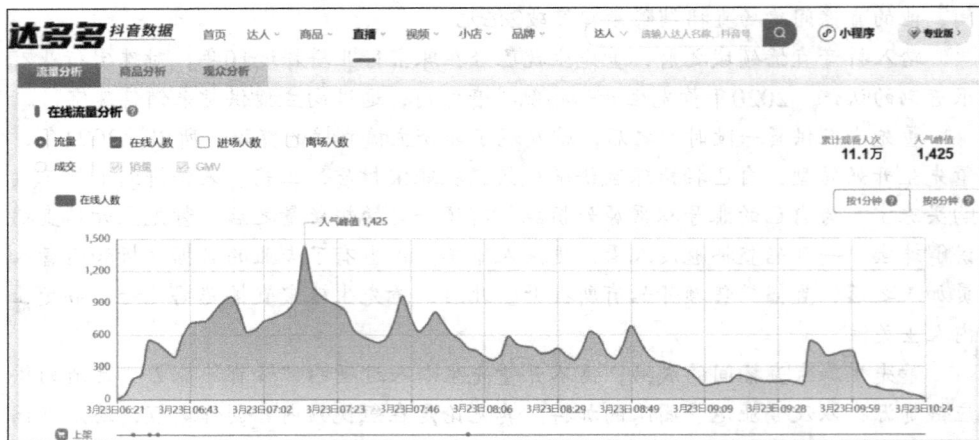

图7-1   分析直播间在线流量数据

7.1.2   数据的类型

根据数据的价值属性，可以将数据大体分为流量数据、商品数据、互动数据、交易数据、售后及其他数据五种类型，如图7-2所示。

1. 流量数据

流量数据一方面体现直播营销者的流量把控能力，另一方面也可以很好地反映出直播间的成交和互动情况。

2. 商品数据

商品数据可多维度呈现直播间商品的情况，例如用商品曝光人数衡量商品热度，用商品点击率衡量商品吸引力。

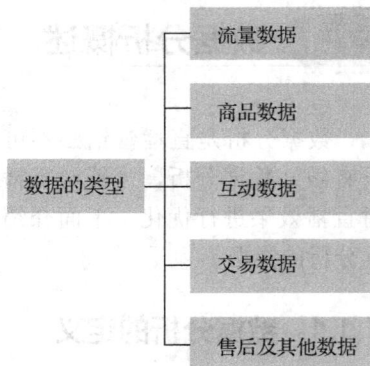

图7-2   数据的类型

3. 互动数据

互动数据主要体现直播间不同阶段的互动氛围、粉丝沉淀情况，互动数据可较为明显地反映出各阶段的直播间状态。

4. 交易数据

交易数据主要反映直播间的转化效果，可作为后续数据分析及优化的参考。

5. 售后及其他数据

售后及其他数据主要是与售后服务相关的数据，能很好地反映直播间交易的真实性。

直播营销团队需要统计的数据及其含义如表7-1所示。

表7-1　直播营销团队需要统计的数据及其含义

数据	含义
直播次数	一个时间段内的开播次数
直播日期	直播开始的日期
直播时间段	一场直播开始和结束的时间点
直播时长	一场直播持续的时长
直播间曝光人数	看到直播间的总人数
直播间进入人数	看到直播间并进入直播间的总人数
商品曝光人数	在直播间看到商品的总人数
商品点击人数	在直播间点击链接查看商品的总人数
商品成交人数	下单商品并完成支付的总人数
"带货"商品数	直播间上架的商品数量
最多在线人数	一场直播中同时观看直播的最多人数
商品点击次数	进入直播间的人点击商品的次数
订单笔数	直播过程中成功下单的笔数
成交总额	直播过程中商品成交总额
复购率	消费者对商品或服务的重复购买次数
退款率	退款的订单笔数与同期成功付款的订单笔数的比率

7.2　直播数据分析的思路

直播数据分析的思路包括确定目标、获取数据、处理数据、分析数据，如图7-3所示。

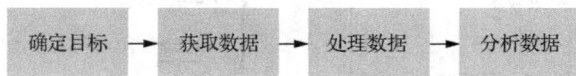

图7-3　直播数据分析的思路

7.2.1　确定目标

要进行数据分析，首先要明确数据分析的目标，通常来说，数据分析的目标主要有以下几种。

（1）通过数据分析快速找到直播营销存在的问题，将直播营销过程中存在的问题具体化、量化。

147

（2）对问题产生的原因进行分析，如寻找直播间数据波动（数据上升或下降都属于数据波动）的原因。

（3）通过数据分析寻找优化直播内容、提高直播效果的方案。

（4）在发现问题、分析问题并找到解决的方案后，主播就需要将方案应用到下一场直播中，不断提高直播质量和直播效果；同时，也可以检验直播营销团队提供的解决方案是否有效，并进一步优化方案。

7.2.2 获取数据

获取数据的方式与渠道具有多样性，通过直播数据分析工具能够快速获取数据。下面主要介绍获取数据的途径，如直播平台后台，以及第三方数据分析工具（如飞瓜数据、蝉妈妈、达多多）等。

1. 直播平台后台

直播平台后台通常会统计直播数据，主播可以在直播过程中或直播结束后在后台获取直播数据。以抖音直播为例，抖音直播数据的获取步骤如下。

（1）打开并登录抖音App，点击"我"按钮，在打开的侧边栏中选择"抖音创作者中心"，如图7-4所示。

（2）在打开的"创作者中心"界面点击"主播中心"按钮，如图7-5所示。

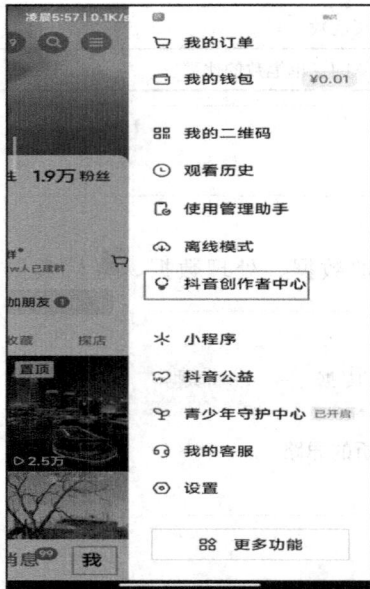

图7-4 选择"抖音创作者中心"

图7-5 点击"主播中心"按钮

（3）进入"主播中心"界面后，就可以看到近期直播相关的数据，如图7-6所示。

（4）点击"数据中心"按钮进入"数据中心"界面，点击"数据总览"按钮可以查看整体的数据，如图7-7所示。

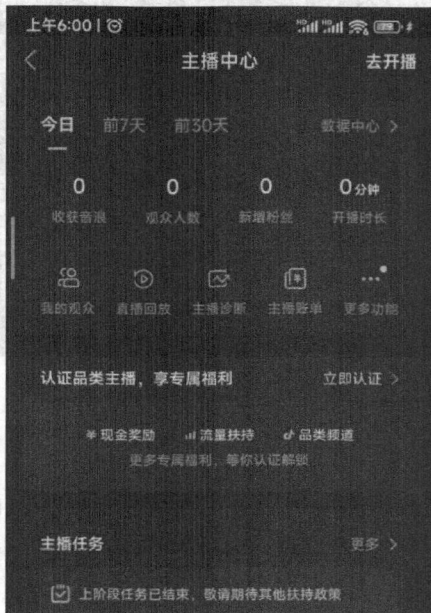

图7-6　直播相关的数据

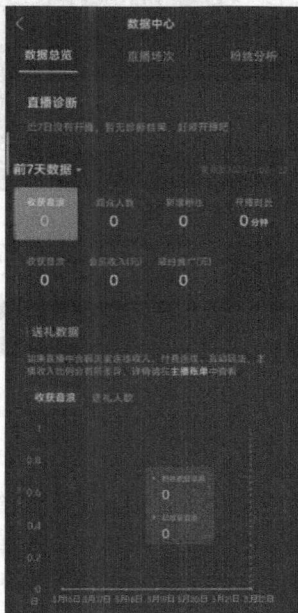

图7-7　查看整体的数据

2. 飞瓜数据

飞瓜数据是一个短视频和直播营销数据分析平台，可以为抖音、快手和B站等平台上的短视频创作者和主播提供数据分析服务，如图7-8所示。飞瓜智投是飞瓜数据旗下专注品牌直播的智能营销工具，通过数据驱动直播营销，提升直播间流量和成交率，如图7-9所示。以抖音直播为例，主播可以通过飞瓜智投查看抖音直播营销数据，并进行数据分析。

图7-8　飞瓜数据

Chapter
7

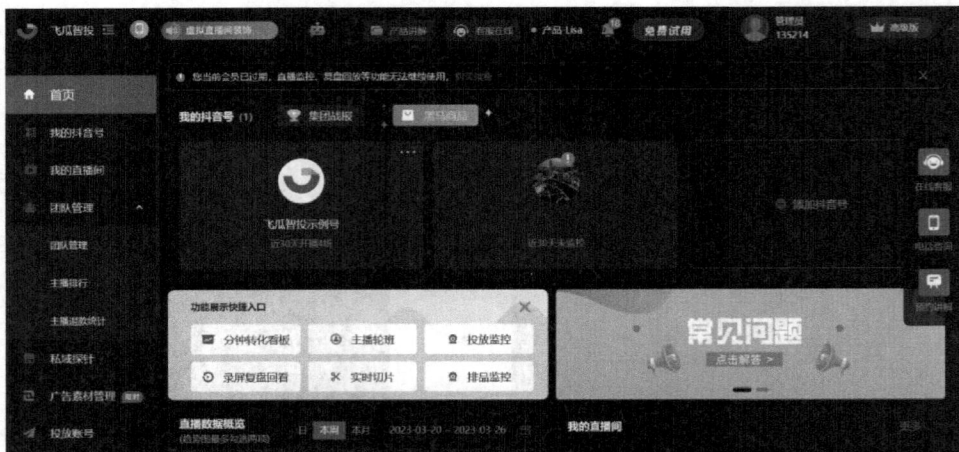

图7-9　飞瓜智投

3. 蝉妈妈

蝉妈妈为达人、供应链商家等提供一站式数据分析服务，帮助其了解畅销商品，实现精准直播"带货"。蝉妈妈基于强大的数据分析、品牌营销及服务能力，致力于帮助众多达人、MCN机构和商家提升效率，实现精准营销。

蝉妈妈能够提供精准的直播间数据，包含直播间热度、观众热度、商品热度、销售额热度、销量热度等，如图7-10所示。

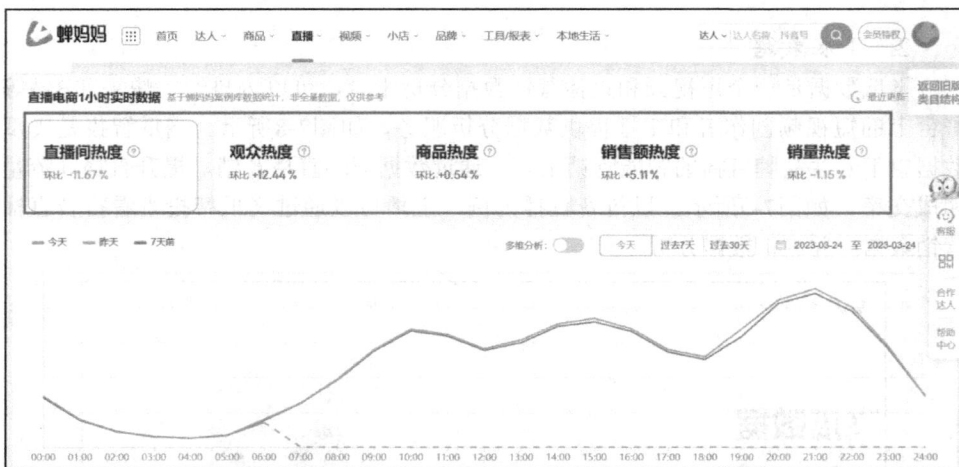

图7-10　蝉妈妈提供的直播间数据

直播"带货"主播可以重点参考的榜单如图7-11所示。根据榜单的详细数据，可以清楚地知道在什么时间、选择什么商品才能有效地触达潜在用户。

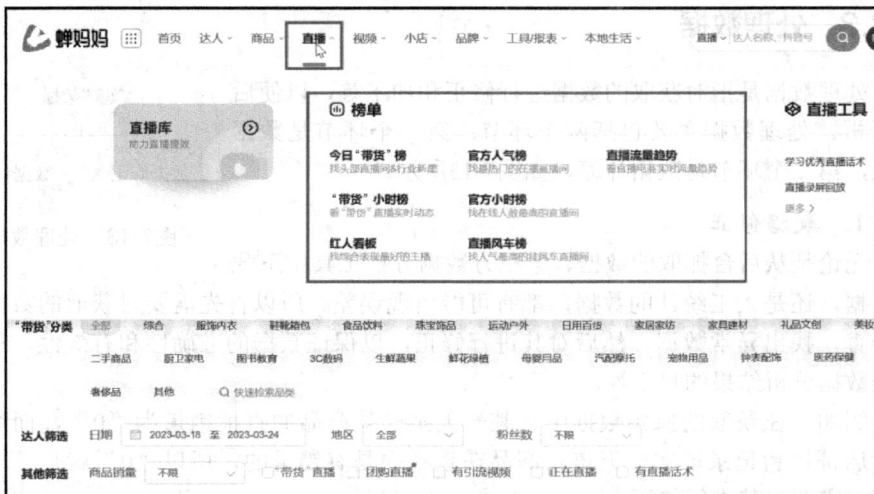

图7-11　可以重点参考的榜单

4. 达多多

主播可通过达多多实时掌握全网商品销售状况，第一时间发现高人气商品。在达多多，可以查看热门直播间、抖音热推商品、热门达人等。商家可借助达多多及时跟进应季新品，提升店铺运营效率。达多多如图7-12所示。

图7-12　达多多

7.2.3　处理数据

处理数据是指对获取的数据进行修正和加工等，以便后续分析。处理数据主要包括两个环节：第一个环节是数据修正，第二个环节是数据计算，如图7-13所示。

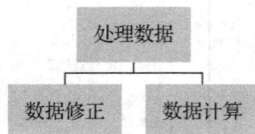

图7-13　处理数据

1．数据修正

无论是从后台抓取的数据、第三方数据分析工具中下载的数据，还是人工统计的数据，都有可能出现误差。所以首先需要对获取的数据进行排查，找出异常数据，然后对其进行修正，以保证数据的准确性和有效性，从而保证数据分析结果的科学性。

例如，在获取的原始数据中，某一天某一款商品的直播销量为"0"，而通过查看店铺销售记录证实当天该款商品在直播中是有销量的，所以"0"就是一个错误值，需要对其进行修正。

2．数据计算

通过数据修正确保了数据的准确性以后，主播可以根据数据分析的目标对数据进行计算，以获得更丰富的数据信息。数据计算包括数据求和、平均数计算、比例计算等。为了提高工作效率，主播可以使用Excel的相关功能对数据进行计算。

7.2.4　分析数据

在完成了数据的获取与处理工作后，接下来就要对数据进行分析。分析数据是一个发现问题、分析问题和解决问题的过程。在某种程度上，数据分析是一种方法论。下面介绍常用的数据分析方法，如图7-14所示。

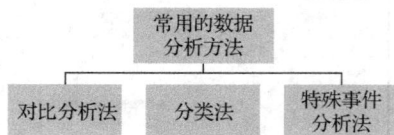

图7-14　常用的数据分析方法

1．对比分析法

对比分析法又称比较分析法，是指将两个或两个以上的数据进行对比，并分析数据之间的差异，从而揭示其背后的规律。对比分析包括同比、环比和定基比三种类型。

（1）同比：一般情况下是指今年第n月与去年第n月的数据之比。

（2）环比：报告当期水平与其前一期水平之比。

（3）定基比：报告当期水平与某一固定时期水平之比。

通过对比分析，主播可以找出异常数据。异常数据并非指表现差的数据，而是指偏离平均值较多的数据。例如，某主播每场直播的新增用户数为50～100人，但某一场直播的新增用户数达到500人，与之前的平均数据相比偏差较大，因此属于异常数据。主播需要对此数据进行仔细分析，查找异常数据产生的原因。

2. 分类法

分类法是指将数据库中的数据项映射到某个特定的类别。它可以应用于用户属性和特征分析、用户满意度分析、用户购买趋势预测分析等。例如，服装商家按照对服装颜色的喜好将用户分成不同的类别，这样客服人员就可以将宣传广告直接发送给有相关喜好的用户，从而大大增加成功销售的概率。

3. 特殊事件分析法

直播数据出现异常可能与某个特殊事件有关，如淘宝直播首页或频道改版、主播变更直播标签、主播变更开播时间段等。因此主播在记录日常数据的同时，也要注意记录这些特殊事件，以便在直播数据出现异常时，找到异常数据与特殊事件之间的关系。

7.3 数据分析指标

数据分析
指标

直播数据分析的常用指标包括流量指标、互动指标、转化指标、观众画像指标。下面以第三方数据分析工具达多多为例，介绍抖音直播数据分析指标。

7.3.1 流量指标

流量指标主要包括人气数据、在线流量。

1. 人气数据

人气数据包括观看人次、人气峰值、平均在线、累计点赞、涨粉人数、转粉率等。图7-15所示为某直播间的人气数据。

图7-15 某直播间的人气数据

人气数据主要用于考查直播的人气，如果一场直播的人气数据达标，那么该场直播就可以认为是成功的。

2．在线流量

在线流量包括在线人数、进场人数、累计观看人次等，如图7-16所示。

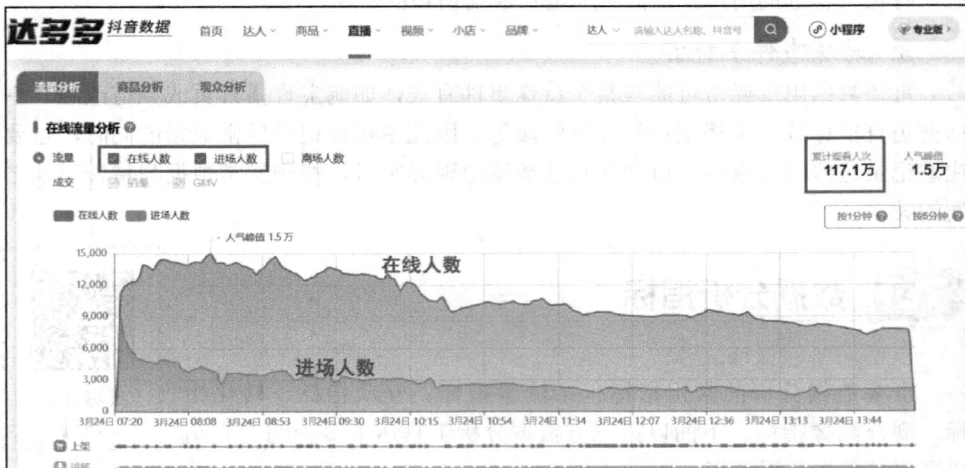

图7-16　在线流量

主播可以巧妙地运用技巧提高直播间的在线流量，具体方法如下。

（1）增加玩法，多上一些引流款商品。

（2）主播要提升自己的引导力、感染力和亲和力。

（3）商品的类目、价格等要与目标用户相匹配。

（4）改善直播间的布景，提升用户的观看体验。

小提示

在线流量低的原因可能是私域流量不够或者是公域流量权重不够，也有可能是信息不精准。改进要点就是在引流上下功夫。引流主要有两种方式：付费引流和免费引流。

7.3.2　互动指标

互动指标主要是指直播间的用户互动行为数据。互动行为主要包括点赞、评论和关注等。直播间的互动越活跃，代表直播间出镜的主播与用户之间产生信任的概率越大。互动指标包括互动情况、关注情况等。

互动情况包括本场点赞数，如图7-17所示。关注情况包括本场新增关注，如图7-18所示。

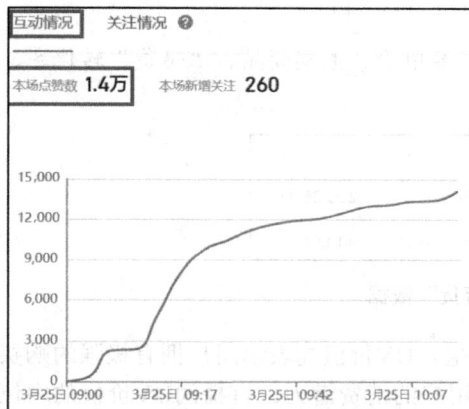

图7-17 互动情况

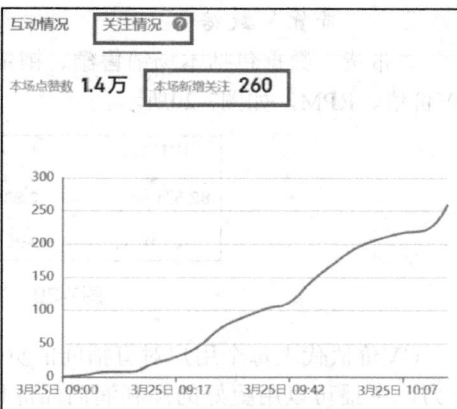

图7-18 关注情况

如果直播间的观众互动率较低，直播营销团队就可以初步判断商品吸引力不足或主播推荐商品的力度不足，需要找到弥补不足的方法。

7.3.3 转化指标

转化指标与人气指标和互动指标是密切相关的。转化指标主要有以下两类。

1. 转化漏斗数据

转化漏斗数据包括累计观看人次、商品销量和整体转化率等，如图7-19所示。由图7-19可知，该场直播整体转化率为14.95%，可见部分用户点击商品后下单购买的很多，由此推测，商品吸引力和主播的引导力都较强。

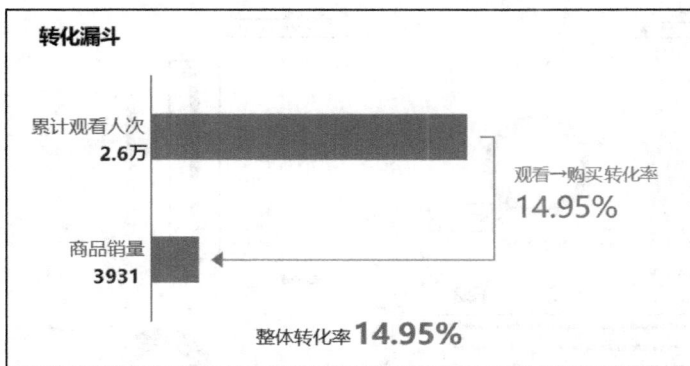

图7-19 转化漏斗数据

（1）累计观看人次。商品被展示给用户的次数、直播间打开弹窗的次数、用户点击进入购物车浏览商品的次数等都算作累计观看人次。

（2）商品销量。即商品的销售数量。

2. "带货"数据

"带货"数据包括本场销售额、销量、客单价、上架商品、"带货"转化率、UV价值、RPM，如图7-20所示。

图7-20 "带货"数据

UV价值代表每个用户对直播间的贡献值，UV价值高表示用户拥有极强的购买能力，主播可以用更好的高利润商品深挖用户的消费潜力。直播间UV价值的中位数在1左右，直播间的UV价值高的甚至可以达到10以上。用户精准度是直播间UV价值的关键影响因素。

RPM是每分钟"带货"销售金额，是衡量主播"带货"能力的核心指标。利用RPM可以更好地进行数据对比，也有助于在下播后更好地进行直播复盘。

7.3.4 观众画像指标

观众画像指标包括性别分布、年龄分布、地区分布、观众来源等，如图7-21所示。从图7-21中可以看到，该直播间观众主要处于24～30岁的年龄段，大部分来自广东、四川、河南，以女性居多。24～40岁用户是抖音上内容和商品的消费主力。

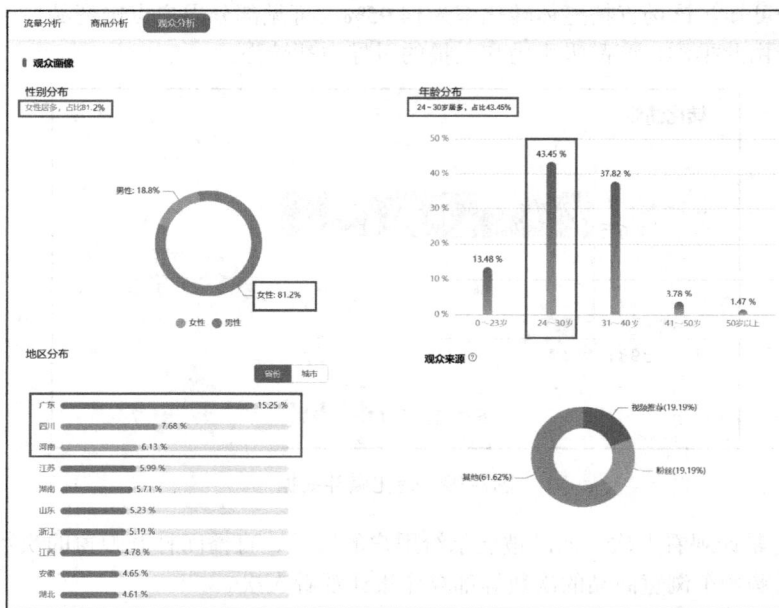

图7-21 观众画像指标

关于直播"带货"的调查研究表明，超过一半的受访用户观看过"带货"直播，还有不少用户会购买主播推荐的商品。观看"带货"直播的用户，具有很强的商业转化特性，这就是直播营销人员要去分析观众画像的原因——知道是谁，才能更好地转化。

7.4　直播营销的复盘及优化

复盘及优化是直播营销的最后一个环节，其可以帮助直播营销团队发现问题，进而提出解决问题的方案。

直播营销的
复盘及优化

7.4.1　流量指标的复盘及优化

流量指标复盘结果不佳的原因通常有两种：在线人数少、在线人数不稳定。

1. 在线人数少

直播间在线人数长期在100人以内，可以判定为在线人数少。在线人数少，直播就很难有变现的可能。增加直播间在线人数的策略如下。

（1）优化直播的背景。一个杂乱无章的背景会让用户对直播间的印象大打折扣，甚至产生反感，从而不会留下来。

（2）调整引导话术。如主播可不断通过口播、公告、小黑板等方式实时说明抽奖、发券、发红包等活动的规则和参与方式。

（3）强调对新用户的关注，及时与进入直播间的新用户进行互动，让新用户有参与感，提醒新用户发指定评论或关注主播，活跃直播间气氛。

图7-22所示为某直播间的抽奖活动，主播设置了只有在下单后才能参与抽奖，这样不仅能将商品销售出去，也能延长用户在直播间的留存时间，增加在线人数。

由于不同直播平台公域流量和私域流量占比不同，因此增加在线人数的方法也有所区别。以淘宝直播为例，增加直播间在线人数的方法如下。

（1）直播间应该明确发优惠券、发红包活动的规则，例如点赞1万次抽价值99元的面膜5盒。点赞量是不确定因素，将其设置为目标，就比较容易增加用户的停留时间，活跃直播间氛围，吸

图7-22　某直播间的抽奖活动

引新用户的眼球。图7-23所示为兑换红包的规则。

（2）淘宝直播排名也会影响在线人数，主播和商家应该掌握一些涨粉技巧，学会在开播前进行宣传，提升排名。

（3）直播时段与头部主播错开，选择直播较少的时段直播，以增加在线人数。

（4）通过付费推广增加在线人数，但这种方法费用不低，且存在一定的风险。

2. 在线人数不稳定

在线人数的稳定性主要与直播间在线人数中老用户的比例有关。一般情况下直播间在线人数中，老用户的比例越高，在线人数相对越稳定。因此要确保较多老用户能持续看直播，增加其停留时长。

图7-24所示为直播间在线人数数据。通过回顾直播间的人气变化，结合直播间在线人数数据，可以分析哪个时间段在线人数较多等，从而分析哪种话术和直播形式更受用户欢迎。或者根据直播间用户流失的数据，结合直播内容，分析大量用户离开直播间的原因。

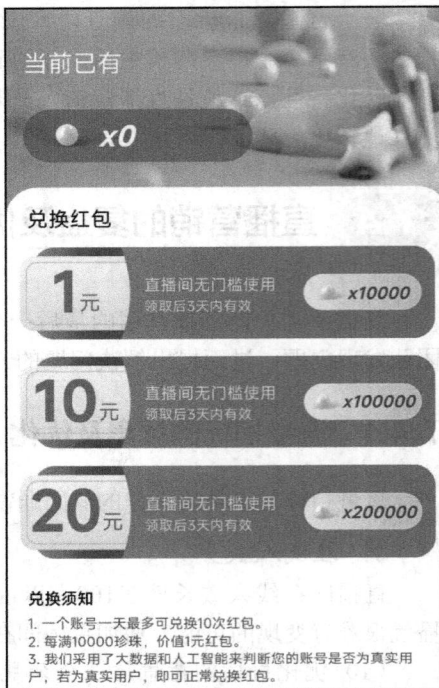

图7-23　兑换红包的规则

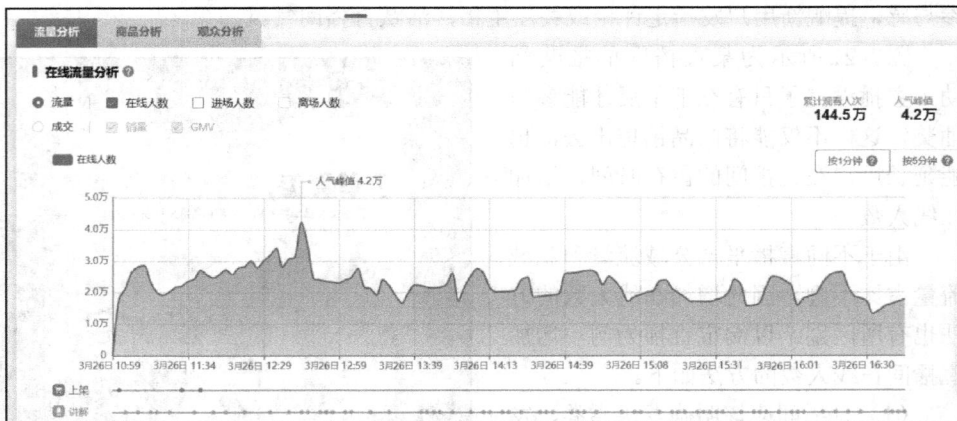

图7-24　直播间在线人数数据

改进策略如下。

（1）固定开播时间。让老用户养成观看习惯，在习惯的作用之下，老用户会在直播时间进入直播间。

（2）强化直播预告。直播预告可以提醒用户直播的时间，能帮助用户提前了解直播内容，能增加观看直播的新用户转化成老用户的概率。

（3）进行社群运营。组建社群，方便老用户在直播期间快速进入直播间。

（4）把控直播节奏。直播节奏是影响在线人数稳定程度的一个重要因素。直播节奏的把控关键在于直播脚本，因此此在直播前一定要做好直播脚本的策划。

7.4.2　互动指标的复盘及优化

直播互动可直接影响直播间的人气，只有直播间有人气，用户才会停留；而用户在直播间停留，主播才有机会进行后续的成交转化。互动指标复盘结果不佳的原因往往为新老用户互动量低。

1. 新用户互动量低

新用户互动量低是指新用户进入直播间后，很少参与互动。新用户互动量低主要是因为直播间没有吸引新用户的点，新用户无法融入直播间，很难参与互动。

改进策略如下。

（1）强化直播间的互动引导，让进入直播间的新用户可以快速参与互动。

（2）主播要不断地通过口播的方式说明直播中的互动方法，避免新用户不知道如何参与互动。

（3）连麦是与用户互动的有效方式之一，可以调动用户的积极性。

（4）利用福袋互动可提升直播间的人气和最终转化率。

例如，某直播间在发放福袋时，在线人数有84人，如图7-25所示；设置福袋开奖时间为10分钟，开奖时，在线人数上升至135人，如图7-26所示。由此可以直观地看到福袋对提升互动量和人气的效果。

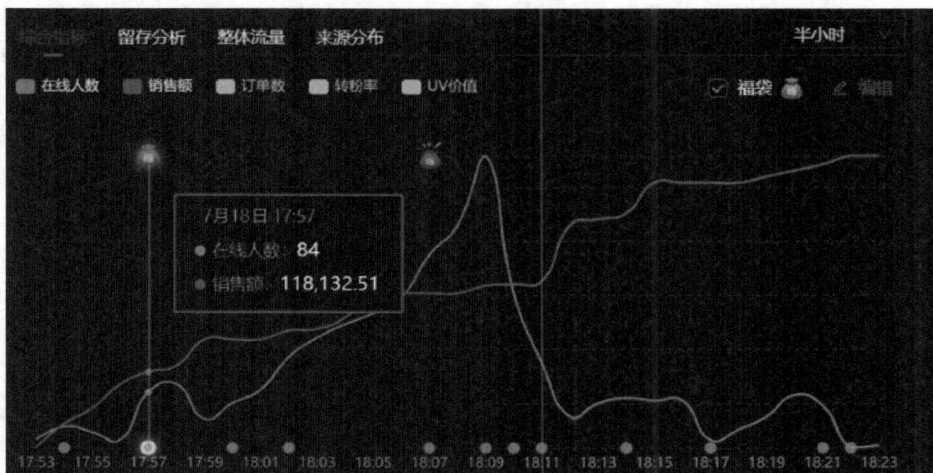

图7-25　发放福袋时在线人数

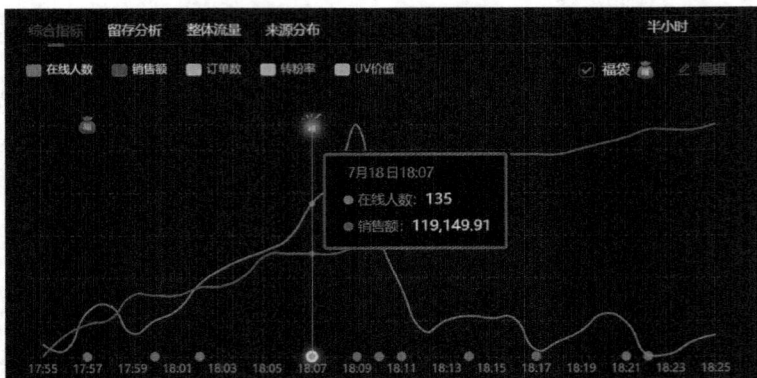

图7-26　开奖时在线人数

2．老用户互动量低

老用户互动量低是指直播间的老用户在观看直播时很少参与互动。为了提高老用户的互动量，可以采取以下两种策略。

（1）积极引导直播间的老用户加入粉丝群，给加入粉丝群并参与互动的老用户更多优惠。图7-27所示为粉丝群。

（2）尽可能多地收集老用户的反馈信息。主播可以通过直播时的评论、私信及客服收集的问题等收集反馈信息。

图7-27　粉丝群

7.4.3　转化指标的复盘及优化

转化指标复盘通常可以分为成交率复盘和退款率复盘。复盘时最容易出现的问题就是"带货"转化率低和退款率高。

1．"带货"转化率低

"带货"转化率的计算方法为：商品上架后的成交单量÷相应时段在线人数×100%。

"带货"转化率直接反映选品策略是否正确，如果"带货"转化率持续走低，且持续保持在5%以内，意味着选品和直播间的用户匹配度不高，需要进行调整。图7-28所示为某直播间"带货"转化率。

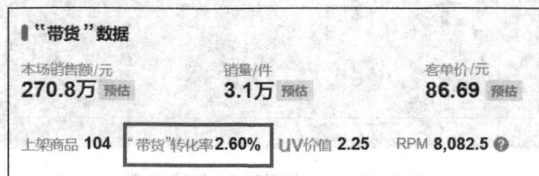

图7-28　某直播间"带货"转化率

改进策略如下：

（1）商品调整：调整上架商品，适当上架引流款商品，让用户能够在直播间有获得感。

（2）价格调整：重新分析是否已经做好价格保护，或调整商品组合策略，进行差异化定价。

（3）转化策略调整：在活动策划上要强化互动的元素，不要让用户在直播间只看不买。

2. 退款率高

退款率的计算方法为：退款单数÷成交单数×100%。

直播营销中，由于用户存在冲动消费，有时退款率高达30%～50%。通常来说，企业的目标是将非质量问题的退款率控制到20%以内。退款率直接影响企业的毛利率，退货商品变成库存，不利于企业的资金周转。

抖音电商罗盘为提高商家对退款订单的分析能力并降低商品的退款率，上线了退款分析模块，助力商家定位主要退款原因和退款品类，分析售后不同环节的退款分布状况，进行退款状况分析诊断和商品优化。

（1）退款原因板块显示主要的退款原因及其占比。图7-29所示为某直播间的退款原因分析。商家可根据退款原因分析结果了解不同退款原因对应的详细退款商品信息，从而进行服务的改进和优化。

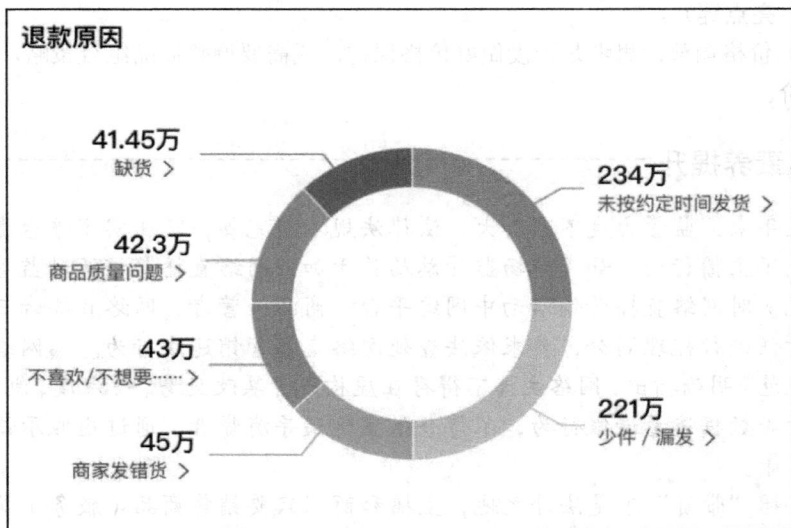

图7-29　某直播间的退款原因分析

（2）退款品类板块展示商家不同品类下的退款金额占比。图7-30所示为某直播间的退款品类分析，可帮助商家了解退款来源较多的品类，助力商家进行后续选品调整。

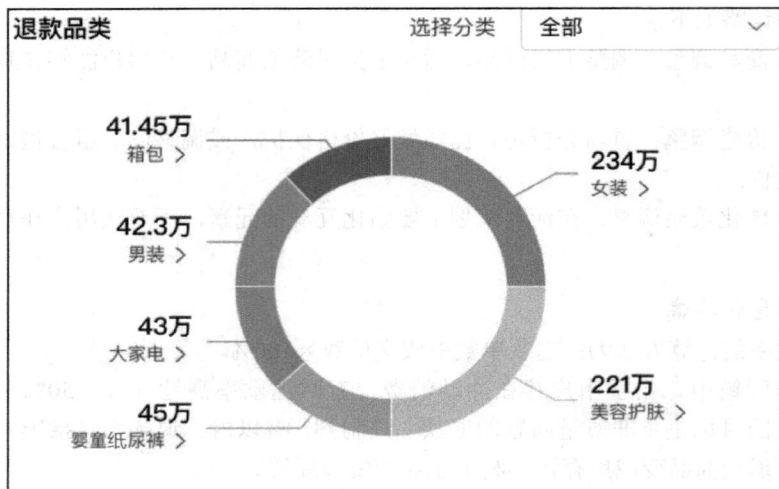

图7-30　某直播间退款品类分析

退货率高问题的改进策略如下：

（1）话术调整：注意引导技巧，检查是否在直播中出现了过度引导的情况。

（2）体验调整：对发货和客户服务等跟用户息息相关的细节工作进行优化。

（3）商品调整：分析直播间的用户数据，调整上架商品或商品的外在属性（包装材料、亮点等）。

（4）价格调整：思考是否没做好价格保护，或需要调整商品组合策略，进行差异化定价。

素养提升

　　近年来，监管力度不断加大，法律法规不断完善，既压实了平台责任，也规范了主播行为。如《市场监管总局关于加强网络直播营销活动监管的指导意见》对网络直播营销活动中网络平台、商品经营者、网络直播者三大主体的责任进行梳理划分，要求依法查处网络直播营销违法行为。《网络主播行为规范》明确指出，网络主播不得存在虚构或者篡改交易、关注度、浏览量、点赞量等数据流量造假行为，不得夸张宣传误导消费者，通过虚假承诺诱骗消费者等。

　　直播"带货"不是法外之地，主播和商家只要销售商品（服务）就必须保证所销售商品（服务）的质量，并遵守《中华人民共和国电子商务法》《中华人民共和国消费者权益保护法》《中华人民共和国广告法》等法律法规。主播应该珍惜粉丝的信任，努力为粉丝带来质优价廉的商品，而不是滥用粉丝的信任，甚至欺骗粉丝。

本章自测题

一、填空题

1. _____是指用适当的统计分析方法对收集来的大量数据进行分析，以求最大化地开发数据的功能、发挥数据的作用。

2. 可以将数据大体分为_____、_____、_____、_____、_____五种类型。

3. 直播数据分析的思路包括_____、_____、_____、_____。

4. 处理数据主要包括两个环节：第一个环节是_____，第二个环节是_____。

5. 直播数据分析的常用指标包括_____、_____、_____、_____。

二、选择题

1. （　　）主要反映直播间的转化效果，可作为后续数据分析及优化的参考。

A. 交易数据　　　B. 商品数据　　　C. 流量数据　　　D. 互动数据

2. （　　）是指下单商品并完成支付的总人数。

A. 商品点击人数　　　　　　　B. 商品成交人数

C. 商品点击次数　　　　　　　D. 订单笔数

3. （　　）是指将数据库中的数据项映射到某个特定的类别。

A. 特殊事件分析法　　　　　　B. 对比分析法

C. 分类法　　　　　　　　　　D. 数据处理

4. （　　）主要是指直播间的用户互动行为数据。

A. 流量指标　　　　　　　　　B. 转化指标

C. 相关性指标　　　　　　　　D. 互动指标

5. （　　）的计算方法：商品上架后的成交单量÷相应时段在线人数×100%。

A. "带货"转化率　　　　　　　B. 退款率

C. 点击率　　　　　　　　　　D. 复购率

三、简答题

1. 数据分析的目标主要有哪些？

2. 常用的数据分析方法有哪些？

3. 增加在线人数的策略有哪些？

4. 新用户互动量低的改进策略有哪些？

5. 如何改善直播间商品退货率高的现象？

任务实训——直播营销复盘分析

为了提高对直播营销进行数据分析与复盘的能力，我们将进行下述实训。

一、实训目标

1．掌握获取数据的方法。

2．掌握数据分析的指标。

3．掌握直播营销复盘及优化方法。

二、实训内容

1．流量指标的复盘及优化。复盘在线人数和人气峰值等，根据相关改进策略，通过派发红包、抽奖活动等来吸引更多的用户。

2．互动指标的复盘及优化。在用户评论中，观察用户互动频率最高的关键词，同时积极引导直播间的老用户加群。

3．转化指标的复盘及优化。复盘转化率、客单价、UV价值等数据直接反映了直播间的销售效率。根据不同商品的转化情况，调整上架商品，进行差异化定价。

三、实训要求

1．通过流量指标、互动指标和转化指标量化直播营销效果。

2．优化意见能够实质性地改善直播的效果。

3．学会复盘别人的直播间数据情况。

第8章

主流直播平台营销实战

随着经济的不断发展、时代的快速变迁，直播行业也逐步转型升级。不同直播平台有不同场景、不同特点的直播模式。本章主要讲述主流直播平台的营销实战，包括淘宝直播营销实战、快手直播营销实战、抖音直播营销实战、视频号直播营销实战、拼多多直播营销实战、小红书直播营销实战等。

【教学目标】

知识目标	☑ 熟悉淘宝直播的特点 ☑ 熟悉快手直播的特点 ☑ 熟悉抖音直播的特点 ☑ 熟悉视频号直播的特点
技能目标	☑ 掌握淘宝直播营销实战 ☑ 掌握快手直播营销实战 ☑ 掌握抖音直播营销实战 ☑ 掌握视频号直播营销实战
素养目标	☑ 培养守法经营意识 ☑ 培养合作精神

【引导案例】

旅游+直播打造全新推广方式

对于正处于转型升级关键期的旅游行业而言，直播毫无悬念地成为一种极具变革意味的营销方式。途牛、同程、携程、去哪儿网等在线旅游巨头切入直播的大动作，在整个旅游行业转向网络化的大背景下仅是冰山一角。

直播和旅游的融合，体现出旅游行业作为一种"轻经济"形式灵活、与时俱进的一面。当直播技术日益成熟，直播越来越深入地向垂直领域渗透，"旅游+直播"将作为一种全新的流行推广方式，在未来获得更广阔的发展前景。

放眼今日的旅游行业，我们可以看到已有很多企业为了自身的生存和发展，开始了旅游直播化的尝试，而直播特有的灵活性也令旅游企业在营销方面的边界得以持续拓宽。虽然目前和旅游有关的直播节目在整个旅游行业营销内容中所占的比重仍然不大，但仅凭直播平台所拥有的海量消费群体和多样化的传播方式，我们就可以看出其巨大的发展潜力。这从下列案例可以得到印证。

2016年8月，纷享世界和优酷正式确立战略合作关系。未来双方会在直播、旅游等细分市场进行深入合作，由双方共同制作的全网第一档旅游直播节目已开展前期策划工作并正式上线。

思考与讨论

（1）直播与旅游如何结合？

（2）旅游直播成功的原因有哪些？

8.1 淘宝直播营销实战

淘宝直播是阿里巴巴推出的消费生活类直播平台，也是新零售时代体量巨大、消费量与日俱增的新型购物场景，更是商家和店铺营销的利器。

课堂讨论

常见的直播平台有哪些？

8.1.1 淘宝直播的特点

淘宝直播给商家带来了新的销售渠道，推动了直播"带货"这一全新卖货方式的普及，很多商家纷纷开始入驻淘宝直播。淘宝直播具有以下特点：

（1）电商产业链完善，规模巨大。淘宝直播直接或间接地服务了超过300万个商家，其中诞生了近3000个交易金额近1亿元的直播间，市场上90%的新品牌都已在淘宝直播开播。

（2）对商家给予扶持。淘宝直播在选品、流量、内容、运营等方面推出多项政策，助力商家成长。有实力的新手商家会很快被看到，并且能够得到平台的支持，在短时间内实现弯道超车。

（3）淘宝直播官方会开展各种主题的直播。主播在直播中表现得越优秀，排名越靠前，就越能证明主播有实力。从淘宝直播官方数据来看，这样的主播没有浪费官方为其提供的流量，官方在他们身上获得的投资回报率较高，所以在分配流量时会更加偏爱这些主播。

（4）广受用户信任。淘宝直播拥有电商基因，淘宝已经在用户和商家之间有了很高的知名度和信任度。与其他直播平台相比，用户更愿意相信运营时间较久、有一定规模的淘宝直播。基于主播的个人魅力和平台的实力，用户购买决策的时间将大大缩短，甚至购买频次也会增加不少。

（5）货源充足。淘宝直播能为机构和主播提供品质与性价比高的商品，同时能降低用户的购买决策成本。主播不需要自己寻找货源，这给很多缺少资金的小主播带来了机会。

8.1.2　开通淘宝直播权限

淘宝商家可以下载淘宝主播App，开通淘宝直播权限。具体操作方法如下。

（1）下载并登录淘宝主播App，进入首页，点击"立即入驻，即可开启直播"按钮，如图8-1所示。

（2）在打开的界面中点击"去认证"按钮，如图8-2所示。

（3）打开"实人认证服务"界面，勾选"我已同意 实人认证服务通用规则"，点击"开始认证"按钮，如图8-3所示。

图8-1　点击"立即入驻，即　　图8-2　点击"去认证"按钮　　图8-3　点击"开始认证"
　　　可开启直播"按钮　　　　　　　　　　　　　　　　　　　　　　　按钮

（4）通过人脸识别进行实人认证，选中"同意以下协议"，点击"完成"按钮，如图8-4所示。

（5）主播入驻成功，如图8-5所示。开通直播权限后即可进行淘宝直播。

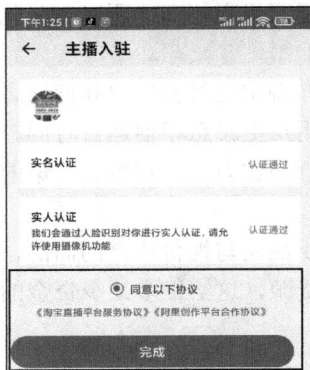

图8-4　点击"完成"按钮

图8-5　主播入驻成功

8.1.3　发布淘宝直播预告

商家在进行直播前，一般会发布直播预告，不仅是为了告诉用户直播的时间，还可以预告一些直播内容，让感兴趣的用户安排时间来观看，同时便于系统选择优质直播内容进行推广及扶优操作。商家通过淘宝主播App发布直播预告的具体操作步骤如下。

发布淘宝
直播预告

（1）打开淘宝主播App并登录淘宝账号，点击"淘宝直播"按钮，如图8-6所示。

（2）进入开直播界面，点击"发预告"按钮，如图8-7所示。

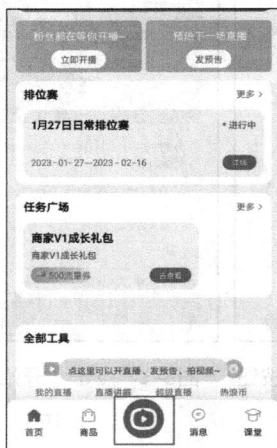

图8-6　点击"淘宝直播"按钮

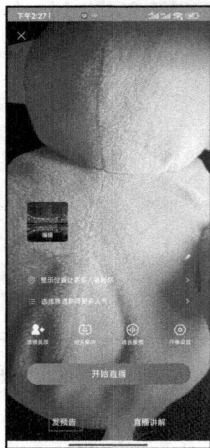

图8-7　点击"发预告"按钮

（3）在打开的界面中添加封面、预告视频，设置直播标题、直播时间、内容介绍等信息，如图8-8所示。

（4）选择"频道栏目"选项，在打开的界面中选择售卖商品所属的频道栏目，如图8-9所示。

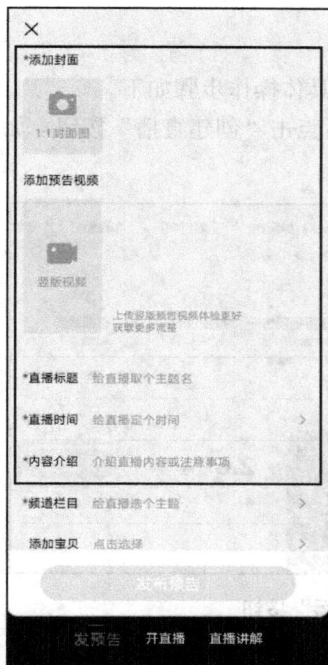

图8-8　设置直播信息

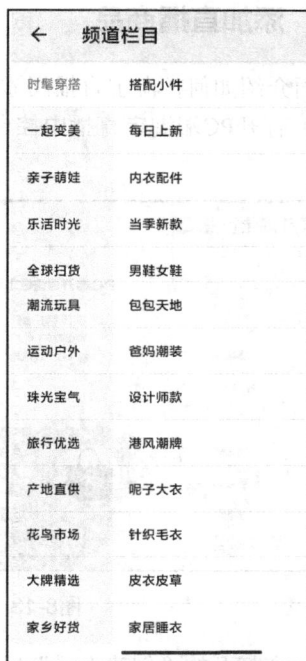

图8-9　选择频道栏目

（5）选择"添加宝贝"选项，如图8-10所示。

（6）在打开的界面中选择直播中要售卖的商品，如图8-11所示，点击"确认"按钮。

（7）添加成功后，点击"发布预告"按钮，如图8-12所示。

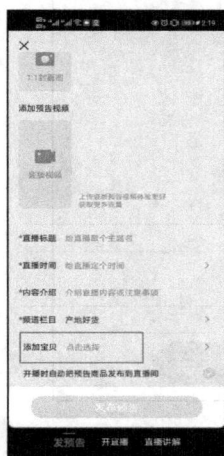

图8-10　选择"添加宝贝"
选项

图8-11　选择商品

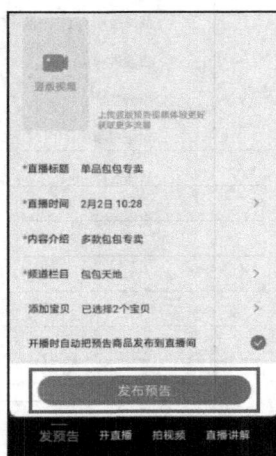

图8-12　点击"发布预告"
按钮

8.1.4　添加直播商品

下面介绍如何在淘宝直播间添加直播商品，具体操作步骤如下。

（1）打开PC端淘宝直播中控台网址，登录后点击"创建直播"按钮，如图8-13所示。

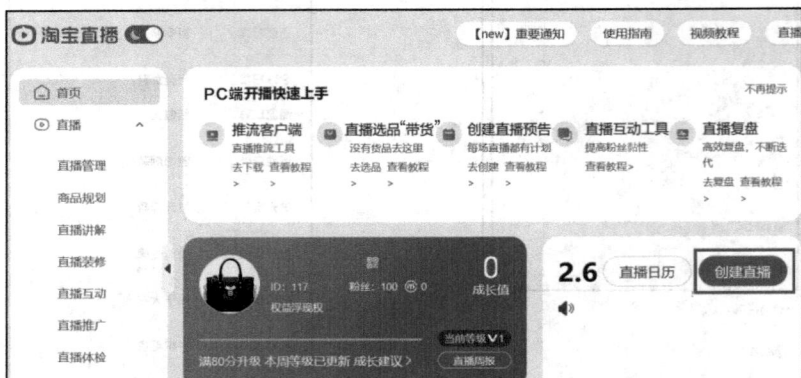

图8-13　点击"创建直播"按钮

（2）在打开的"创建直播"界面中，点击"添加宝贝"按钮，如图8-14所示。

图8-14　点击"添加宝贝"按钮

（3）在打开的界面中选择要添加的商品，点击"下一步"按钮，如图8-15所示。

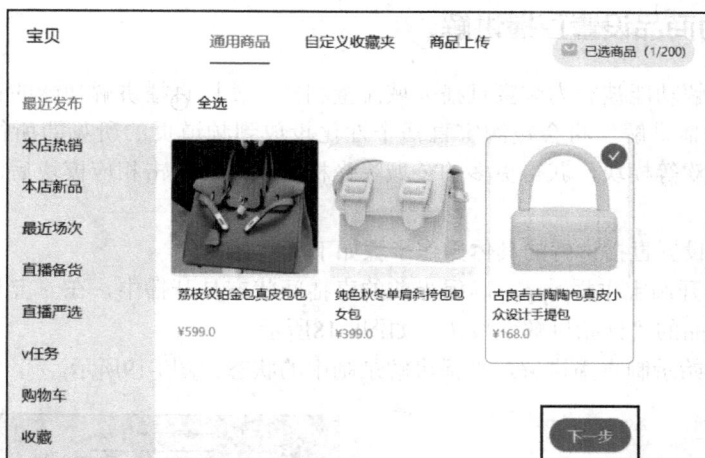

图8-15　选择商品

（4）在打开的界面中编辑商品利益点，如图8-16所示。

图8-16　编辑商品利益点

（5）点击"确定"按钮，返回"创建直播"界面，在"直播宝贝"下勾选"开播自动把待直播商品同步至直播间"，如图8-17所示，在直播间添加商品。

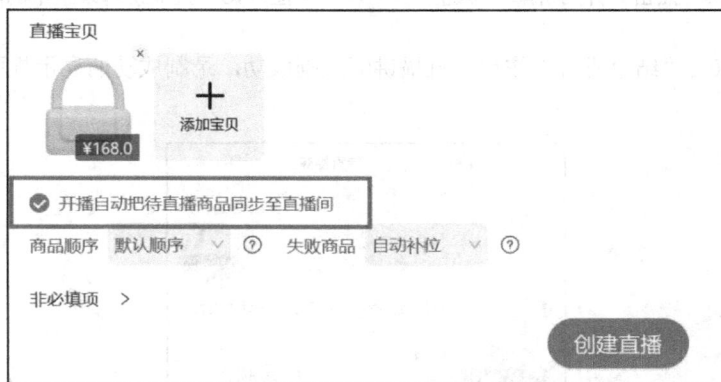

图8-17　勾选"开播自动把待直播商品同步至直播间"

8.1.5 为商品设置直播讲解

直播讲解功能被誉为淘宝直播公域流量利器。使用直播讲解功能的直播间，所对应的"直播讲解"将会被淘宝直播个性化投放到频道页的所见即所得、淘宝主搜、猜你喜欢等模块，获得更多的公域曝光机会，用户点击相应模块后，可直接进入直播间。

为商品设置直播讲解的具体操作步骤如下。

（1）打开淘宝主播App，确保当前的直播间状态是开播中，在"宝贝口袋"中点击对应商品的"开始讲解"按钮，如图8-18所示。

（2）开始录制直播讲解，直播讲解录制中的状态如图8-19所示。

图8-18　点击"开始讲解"按钮

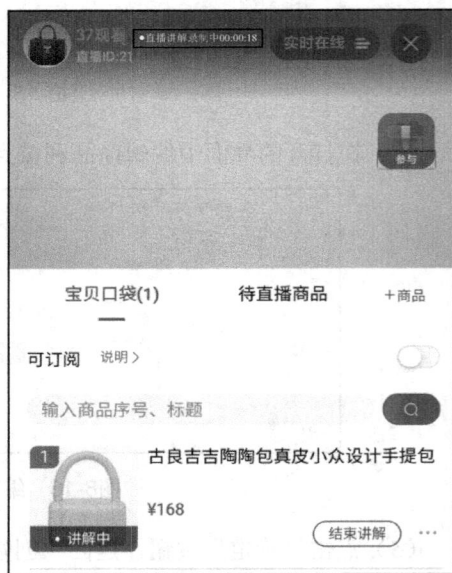

图8-19　直播讲解录制中的状态

（3）点击"结束讲解"按钮，直播讲解录制成功，录制成功的显示界面如图8-20所示。

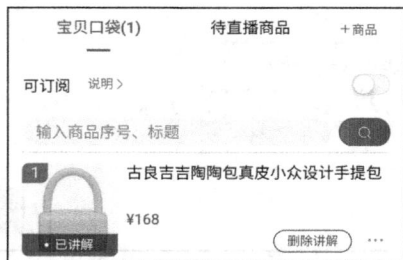

图8-20　直播讲解录制成功显示界面

8.2　快手直播营销实战

快手是国内颇具影响力的社交电商平台，专注于满足用户消费需求以及为商家、用户提供多元化电商专业服务，并推出了电商服务工具——快手小店。

8.2.1　快手直播的特点

快手直播的特点主要表现在以下几个方面。

（1）快手直播分配给用户的私域流量占所有流量的比重高达30%。快手直播运营以人为核心，粉丝可以经常点开主播的主页，像看朋友圈一样观看主播生活，这是私域流量的重要体现。

（2）快手直播推荐算法以去中心化的方式为主。快手直播推荐算法既保证了优质商品的不断曝光，又沉淀出了一个具有强社交属性的网络。

（3）快手直播的用户主要集中在三线及三线以下城市。下沉市场的用户黏性较强，转化率较高。快手直播对下沉市场的高渗透率使其避开了一、二线城市的流量红海，其"带货"能力能在三线及三线以下城市高效发挥。

（4）快手直播独特的信任电商生态及持续扩容的平台流量为电商业务的高质量拓展提供了基础支撑，对用户体验的不断优化进一步助力平台用户黏性的提升。

（5）用户活跃度高，保证品牌高曝光。用户活跃度是衡量一个平台是否良好的标准之一，用户活跃度越高，品牌曝光的效果越好。

8.2.2　开通快手直播权限

开通快手直播权限的具体操作步骤如下。

（1）打开并登录快手App，点击 ≡ 按钮，在打开的侧边栏中点击"设置"按钮，如图8-21所示。

（2）进入"设置"界面，选择"开通直播"选项，如图8-22所示。

（3）打开"实名认证"界面，输入真实姓名和证件号码；勾选"已阅读并同意 相关协议"，点击"同意协议并认证"按钮，如图8-23所示。

（4）在打开的界面中进行人脸识别，提示"已通过"，点击"我知道了"按钮，如图8-24所示。进入聊天室，点击"开始聊天直播"按钮即可，如图8-25所示。

图8-21　点击"设置"按钮

图8-22　选择"开通直播"选项

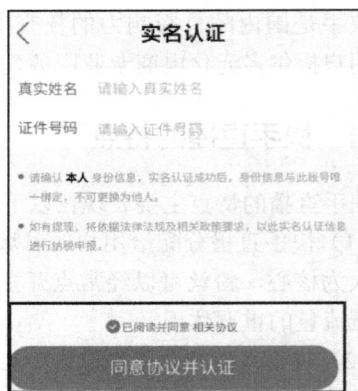

图8-23　同意协议并认证

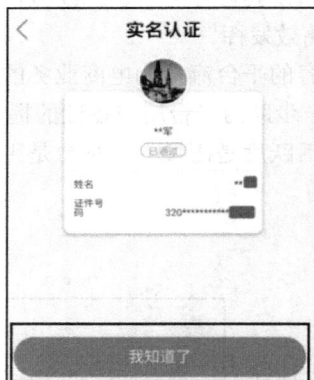

图8-24　点击"我知道了"按钮

图8-25　点击"开始聊天直播"按钮

8.2.3　发布直播预告引流

在快手直播"带货"的主播都希望能提前做好预热，让更多人知道自己的直播。快手的直播预告功能能使直播预告出现在主播个人主页、直播间及关联的视频作品中，全方位为直播引流。下面将介绍发布直播预告的具体操作步骤。

发布直播
预告引流

（1）打开并登录快手App，进入直播界面，点击"更多"按钮，如图8-26所示。

（2）在打开的界面中点击"直播预告"按钮，如图8-27所示。

（3）打开"直播预告说明"界面，阅读直播预告说明后点击"知道了"按钮，如图8-28所示。

图8-26　点击"更多"按钮　　　　图8-27　点击"直播预告"按钮

（4）选择预告直播时间，输入直播内容，点击"创建预告"按钮，如图8-29所示。

（5）提示"预告发布成功"，如图8-30所示。

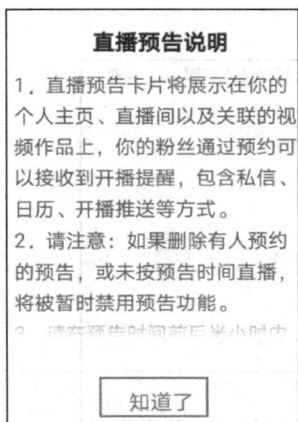

图8-28　"直播预告说明"界面　　图8-29　创建直播预告　　图8-30　预告发布成功

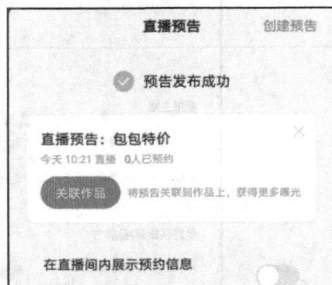

8.2.4　开通快手小店

快手小店是一个电商平台，可以帮助达人和商家高效地交易，带给用户沉浸式的购物体验。越来越多的商家开始在快手平台开通小店。

开通快手小店的具体操作步骤如下。

（1）打开并登录快手App，点击"我"按钮，在打开的界面中点击"快手小店"按钮，如图8-31所示。

（2）在打开的界面中点击"开店"按钮，如图8-32所示。

图8-31　点击"快手小店"按钮

图8-32　点击"开店"按钮

（3）进入"我要卖货"界面，根据自己的需要选择相应的选项。此处点击"我是主播"下面"我可以推广商品赚钱"右侧的"立即加入"按钮，如图8-33所示。打开图8-34所示的界面，上传证件照片后，勾选"我已阅读并同意……"，点击"人脸验证并入驻"按钮。

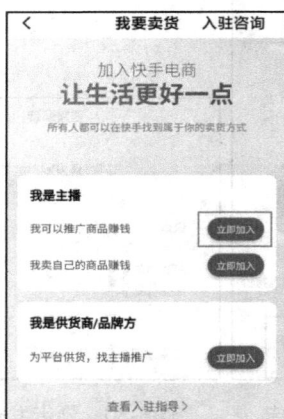

图8-33　点击"立即加入"按钮

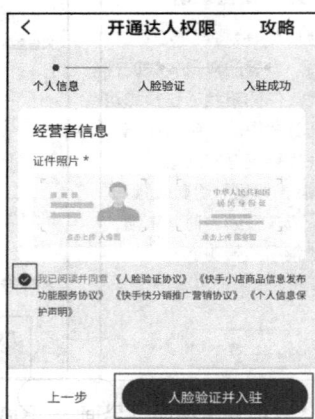

图8-34　人脸验证并入驻

（4）打开"身份核验"界面，验证成功后如图8-35所示。

（5）点击图8-33所示的"我是主播"下面"我卖自己的商品赚钱"右侧的"立即加入"按钮，打开图8-36所示的"加入快手电商"界面。

（6）点击图8-33所示的"我是供货商/品牌方"下面"为平台供货，找主播推广"右侧的"立即加入"按钮，打开图8-37所示的"供货商/品牌方入驻"界面。

图8-35 "身份核验"界面　　图8-36 "加入快手电商"界面　　图8-37 "供货商/品牌方入驻"界面

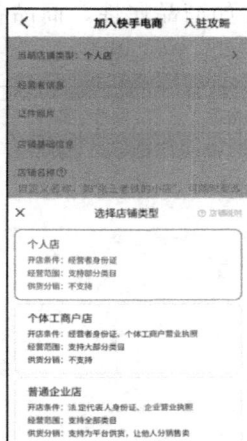

8.2.5 在快手小店发布商品

自建小店商家在绑定收款账户以及缴纳店铺保证金后，即可在快手小店内发布商品，具体操作步骤如下。

（1）在PC端登录快手小店后台，单击"商品管理"下的"新增商品"按钮，如图8-38所示。

（2）上传商品图片，选择商品类目。例如，售卖套餐，选择"到店美食"选项，再选择二级类目中的"快餐小吃"选项，最后选择三级类目中的"团购套餐"选项，如图8-39所示。

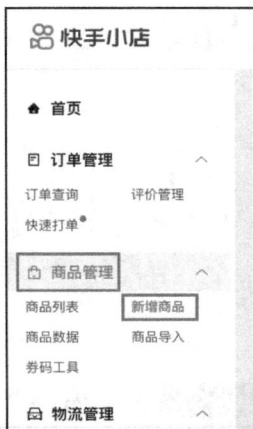

图8-38 点击"新增商品"按钮　　图8-39 选择商品类目

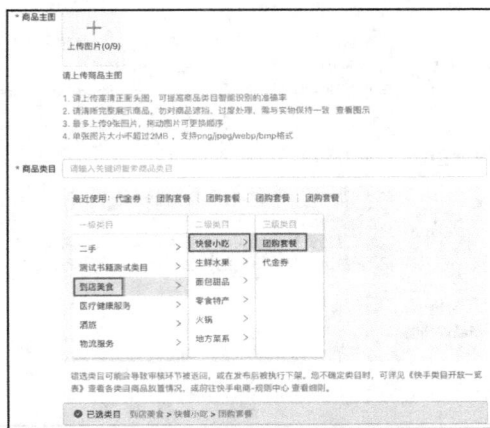

（3）设置商品基础信息，如商品属性、商品备注、支付方式等，如图8-40所示。

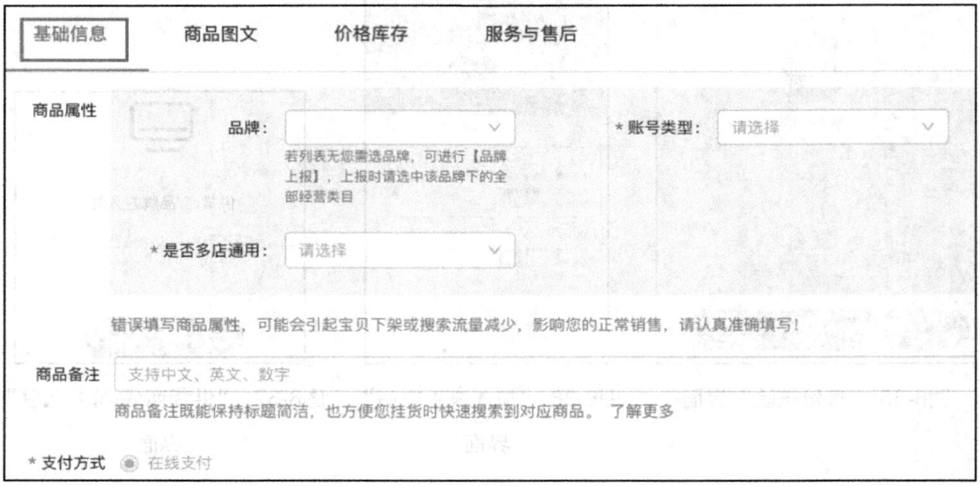

图8-40　设置商品基础信息

（4）设置商品图文信息，包括商品主图、商品描述、商品详情图等，如图8-41所示。

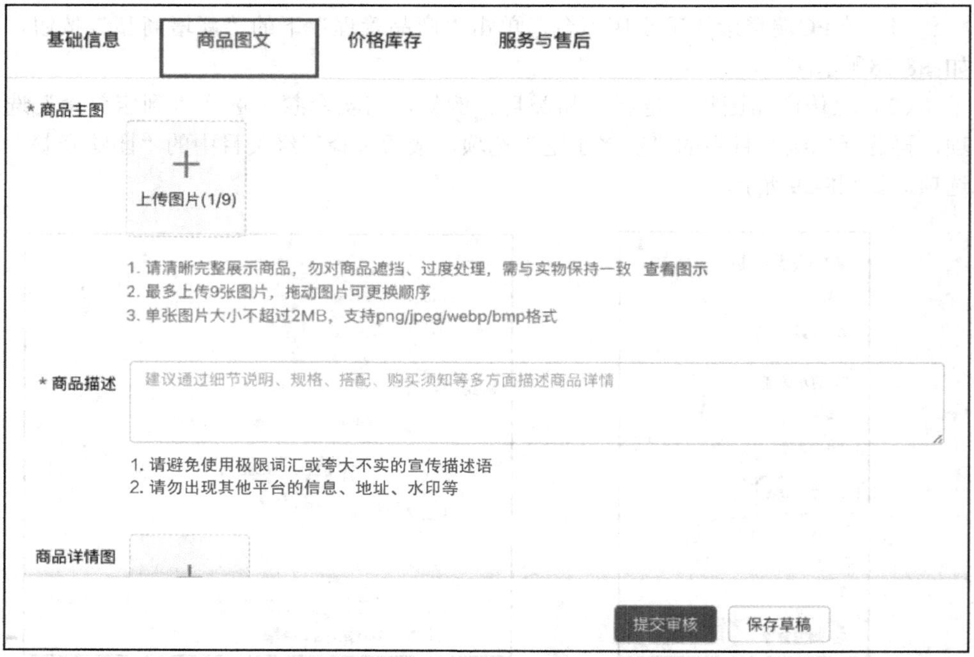

图8-41　设置商品图文信息

素养提升

《消费者权益保护法》第二十条规定，经营者向消费者提供有关商品或者服务的质量、性能、用途、有效期限等信息，应当真实、全面，不得做虚假或者引人误解的宣传。

《消费者权益保护法》第五十五条规定，经营者提供商品或者服务有欺诈行为的，应当按照消费者的要求增加赔偿其受到的损失，增加赔偿的金额为消费者购买商品的价款或者接受服务的费用的三倍；增加赔偿的金额不足五百元的，为五百元。法律另有规定的，依照其规定。

直播营销人员要坚持守法经营、诚信经营，主动承担社会责任，以诚信企业、诚信品牌、诚信质量为目标，让消费者放心、满意；要严格遵守相关法律法规及政策，做到不降低质量、不制假售假、不发布虚假违法广告。

（5）设置价格库存等信息，可以选择商品规格、价格库存、划线价等，如图8-42所示。

图8-42　设置价格库存信息

（6）设置服务与售后信息，可以选择发货方式、选择承诺发货时间、选择码商、设置有效期、选择退货规则，如图8-43所示。"提交审核"通过后，即可完成对商品的发布。

图8-43　设置服务与售后信息

8.3 抖音直播营销实战

目前市面上的直播平台有很多，而抖音无论是用户数还是影响力，都居于行业前列。也正是因为如此，许多个人或企业纷纷入驻抖音平台，期待在该平台中挖掘第一桶金。

✎ 课堂讨论

抖音直播的特点有哪些？如何开通抖音直播？

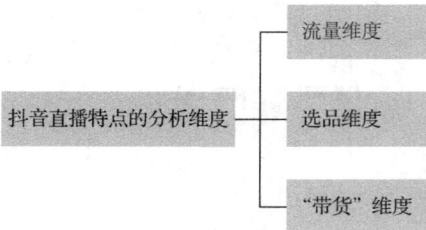

8.3.1　抖音直播的特点

作为一种崭新的商业模式，抖音直播具有自身的特点。下面从流量维度、选品维度、"带货"维度三个维度来分析，如图8-44所示。

图8-44　抖音直播特点的分析维度

1. 流量维度

从流量的维度来看，直播间的流量主要是视频带来的，视频客观上可以起到过滤用户的作用。除了视频这个流量入口，另一个大的流量入口就是抖音的推荐。商家可整理一些优质的直播片段添加到视频里去。

2. 选品维度

从选品的维度来看，抖音直播"带货"要比视频"带货"更简单。抖音直播"带货"的商品大致可分为两类：一类是低价促销的日用品，如牙膏、洗衣粉等；

另一类是导购商品，如口红、香水、服装等。对于这样的商品，主播有必要在直播中通过现场演示和话术，来引导用户下单。

3. "带货"维度

抖音的用户具备变现的能力，这主要是由他们的特征决定的。抖音的用户多为一、二线城市的年轻人，这些人喜欢时尚、追求潮流，且有较强的购买力。此外，用户受教育水平的高低同样对变现的能力有很大的影响。具有较高受教育水平的用户更容易接受新鲜事物以及外来信息，如商家的商品信息。

8.3.2　抖音直播开通操作

抖音直播的开通很简单，具体操作步骤如下。

（1）打开抖音App，点击"+"按钮，如图8-45所示。

（2）进入"视频"界面，点击"开直播"按钮，然后点击"开始视频直播"按钮，如图8-46所示。

（3）打开"实名认证"界面，输入真实姓名、身份证号等信息，然后点击"同意协议并认证"按钮，如图8-47所示。实名认证通过后，即可开通直播。

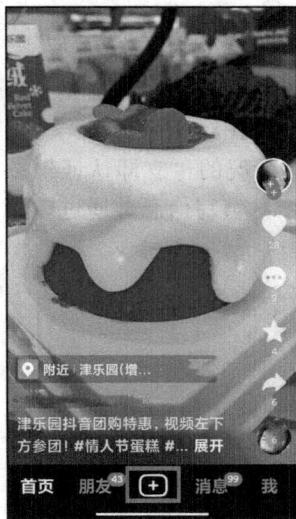

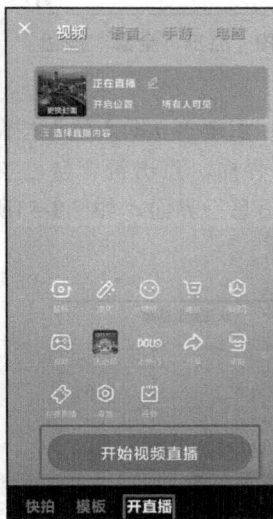

图8-45　点击"视频"界面　图8-46　"视频"界面　图8-47　实名认证
　　　　"+"按钮

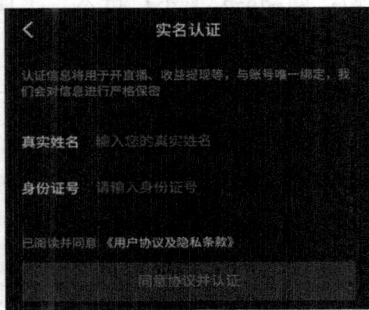

8.3.3　开通抖音小店

开通抖音小店（简称抖店）后可以实现商品交易、店铺管理、售前售后履约、第三方服务市场合作等全链路的生意经营。开通抖

开通抖音
小店

音小店的具体操作步骤如下：

（1）进入抖音App中的"我"界面，点击 ▣ 按钮，在打开的侧边栏中选择"抖音创作者中心"选项，如图8-48所示。

（2）进入"创作者中心"界面，点击"全部"按钮，如图8-49所示。

（3）进入图8-50所示的界面，点击"开通小店"按钮。

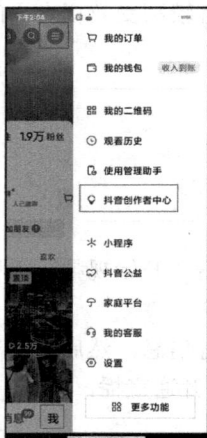

图8-48　选择"抖音创作者中心"选项

图8-49　点击"全部"按钮

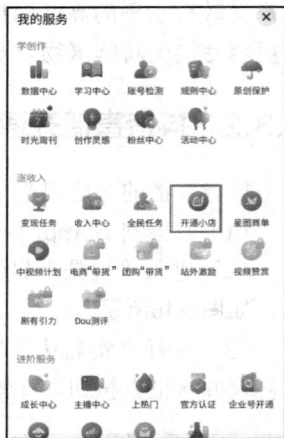

图8-50　点击"开通小店"按钮

（4）进入"抖音电商"界面，点击"立即入驻"按钮，如图8-51所示。

（5）进入"认证类型选择"界面，点击符合自己实际情况的"立即认证"按钮，如图8-52所示；进入"主体信息"界面，如图8-53所示，填写信息并通过审核后即可成功开通抖音小店。

图8-51　点击"立即入驻"按钮

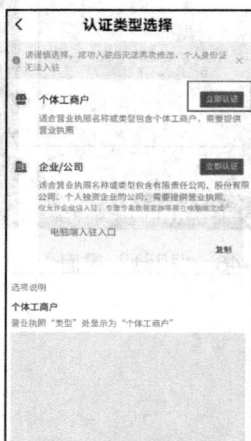

图8-52　点击"立即认证"按钮

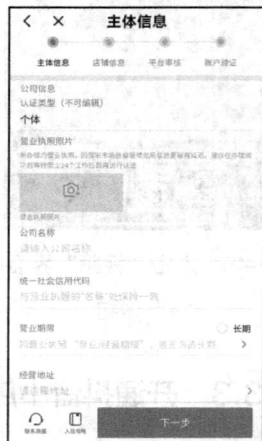

图8-53　填写主体信息

8.3.4　抖音小店商品上传

很多商家开通了抖音小店,但是并不知道如何上传商品。抖音小店商品上传的具体操作步骤如下。

(1) 在PC端登录抖店后台,选择"商品"下的"商品创建"选项,如图8-54所示,打开商品创建界面,选择商品类目(若不确定具体的类目信息,可通过搜索"关键词"进行商品类目的快速定位及选择),如图8-55所示。一定要选自有商品对应的类目,二级、三级类目都需要对应,如果不对应,审核不会通过。

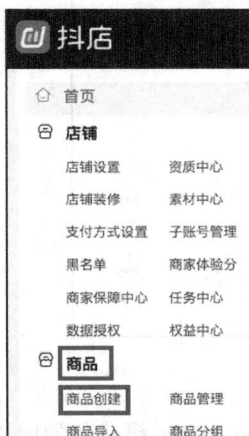

图8-54　选择"商品创建"选项　　　　　　图8-55　选择商品类目

(2) 当类目选择完后,商家可开始填写商品基础信息,带星号的是必须填写的,按照要求填写即可。当选择品牌时,商家可通过检索的方式选择商品对应的品牌。图8-56所示为填写商品基础信息示例。

图8-56　填写商品基础信息示例

（3）"图文信息"界面如图8-57所示。主图和商品详情页是用户了解商品信息的重要途径，务必填写完整。为保证用户在购买商品时拥有充分的知情权，便于用户全面地了解商品，商家应根据所销售的商品实际属性填写商品详情，并及时维护，保证商品详情真实、正确、有效。

图8-57　"图文信息"界面

（4）在"价格库存"界面选择发货模式，如图8-58所示。发货模式分为现货发货模式、全款预售发货模式、阶梯发货模式。系统默认选择现货发货模式。建议新手商家选择"48小时"发货。选择全款预售发货模式后，需要设置预售结束时间和发货时间。

（5）填写价格库存信息，如图8-59所示。价格与库存的设置将影响商家的销量和交易金额。

图8-58　选择发货模式

图8-59　填写价格库存信息

（6）填写服务与履约信息，如图8-60所示。售后服务将根据所选类目自动匹配，如该类目商品须支持7天无理由退换货服务，则用户端将显示7天无理由退换货。

（7）如有特殊商品类目资质要求，商家要按照资质要求上传信息。图8-61所示为"商品资质"界面。

图8-60 填写服务与履约信息

图8-61 "商品资质"界面

（8）所有信息设置好之后，商家就可以发布商品了，提交前请仔细检查各项内容填写的准确性与完整性。如果审核通过，商品就可被用户看到。

8.3.5 设置群直播通知

群直播通知的功能是在商家开播后系统自动抓取直播间信息，在商家粉丝群内进行开播提醒、热卖商品提醒、直播间权益提醒，将群成员引到商家直播间，进行成交转化。图8-62所示为群直播通知。

图8-62 群直播通知

设置群直播通知的具体操作步骤如下。

（1）在PC端登录抖店后台，执行"用户"—"用户运营"—"用户触达"—"群聊管理"—"群运营"—"直播通知"命令，单击"配置"按钮可以配置直播通知，如图8-63所示。

图8-63　配置直播通知

（2）可选择的配置项有"开播提醒""热卖商品提醒""直播间权益提醒"等，如图8-64所示。

图8-64　设置直播通知

开播提醒：除系统内置文案外，可支持自定义文案＋上传图片。

热卖商品提醒：暂不支持自定义文案。

直播间权益提醒：可选择推送权益，暂不支持自定义文案。

8.3.6　创建超级福袋

超级福袋是抖音直播提供的帮助创作者实现有奖销售的营销互动工具，能帮助主播实现抽奖流程规范化。抖音直播支持将抽奖活动展示在直播间购物车，符合创作者设定抽奖条件的用户可参与抽奖。用户中奖后，由该奖品所属的商家在抖店后台发货履约，从而实现抽奖流程的规范化。

用户进入直播间后，点击界面左上角的福袋即可看到奖品信息，如图8-65所示。

图8-65　超级福袋

在PC端登录抖店后台，执行"内容"—"直播营销"—"超级福袋"命令，符合使用条件的商家即可开通，如图8-66所示，并可设置超级福袋信息。

图8-66　设置超级福袋信息

8.4　视频号直播营销实战

视频号是短视频直播领域中的新势力，其凭借微信强大的社交属性，私域流量优势明显，用户定位精准，转化率高。

✎ **课堂讨论**

视频号直播的特点有哪些？视频号推荐算法是怎样的？

8.4.1　视频号直播的特点

2021年视频号直播"带货"交易额爆发式增长，以视频号为核心的微信生态给中小型商家和创业者提供了一个相对低门槛的选择。目前，视频号凭借自身巨大的流量，逐渐成为企业进行直播营销的主战场之一。视频号直播的特点如下。

（1）视频号跟抖音、快手相比，最大的优势就是背靠微信这个用户规模庞大的社交平台。视频号依托于微信，意味着它从诞生起就具有很强的社交属性。

（2）腾讯已经对视频号开放了"公域+私域"多个流量入口，如朋友圈分享、微信群分享、独立的视频号入口、附近的直播与人、个人微信账号名片显示视频号内容、视频号插入公众号文章等。

（3）视频号以大数据、人工智能等技术为基础，对市场和用户进行了深刻的洞察。自从上线开始，视频号就维持着令人惊叹的增长速度，随着流量的不断增加，视频号的商业价值已经显现出来。

（4）在视频号上的点赞、评论、转发等行为都是由用户的真实情感驱动的。在这种情况下，每个用户都有机会成为视频号红人。通过视频号打造个人品牌的重要性已经不言而喻。

（5）为了帮助无货源的视频号创作者售卖商品，微信官方提供了视频号"带货"中心，创作者无须开通商店，即可从已接入视频号的"带货"平台"带货"。

8.4.2　视频号直播推荐机制

视频号直播推荐机制是"个性化推荐+社交推荐"。个性化推荐可以理解为公域流量，社交推荐则是私域流量。

1. 个性化推荐

个性化推荐是指视频号通过分析用户标签进行直播内容匹配及推荐。用户的标签越多，平台推荐给用户的内容可能就越精准。

如果直播内容足够优质，并有大量的用户点赞和评论，甚至主动转发到朋友圈或微信群，那么直播内容就有更大的概率得到系统的主动推荐，从而实现更大范围的传播。

🎓 **小提示**

> 推荐机制让优质的视频具有更长的时效。比如，在半年之前发布的优质视频，可能依然能得到算法的推荐，从而被更多新用户看到。

2. 社交推荐

视频号具有社交推荐属性，在视频号发布的作品可以通过朋友圈和微信群转发和传播，借助社交网络让更多用户看到和关注。如果你的很多微信好友都给一个作品点赞，即使你没有关注该视频号，这个作品也可能会出现在你的视频号"朋友"界面上，如图8-67所示。

图8-67　视频号主页"朋友"板块

8.4.3 开通视频号直播

视频号直播的开通其实非常简单，具体操作步骤如下。

（1）在微信App首页点击"发现"按钮，在"发现"界面点击"视频号"按钮，如图8-68所示。

（2）进入视频号"推荐"界面，找到并点击 👤 按钮，如图8-69所示。

（3）进入个人中心界面，点击"发起直播"按钮，如图8-70所示。

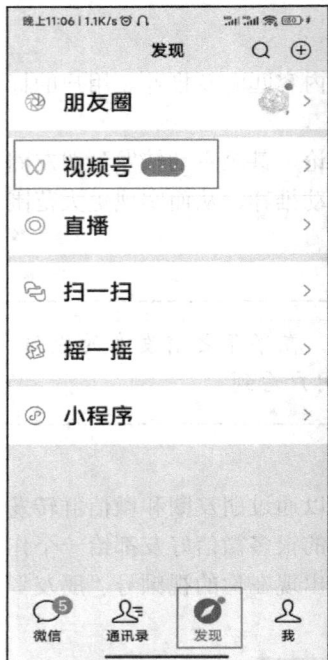

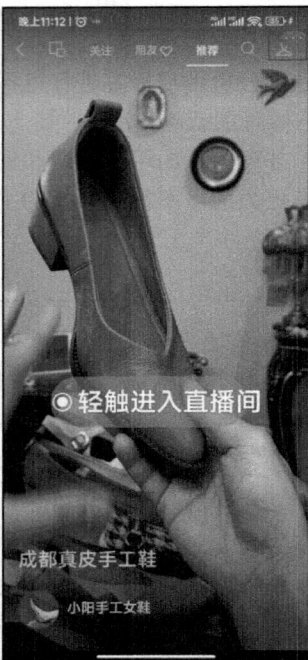

图8-68 "发现"界面　　　图8-69 点击 👤 按钮　　　图8-70 点击"发起直播"
　　　　　　　　　　　　　　　　　　　　　　　　　　　　　按钮

（4）在打开的界面点击"直播"按钮，如图8-71所示。

（5）进入"视频号直播开播认证"界面，满足实名信息认证和年龄认证条件后，点击"下一步"按钮，如图8-72所示。

（6）进入"微信视频号直播功能使用协议"界面，阅读相关协议后，点击"同意并继续"按钮，如图8-73所示。

（7）在打开的界面中填写直播主题、修改封面、选择分类等后点击"开始"按钮，如图8-74所示。

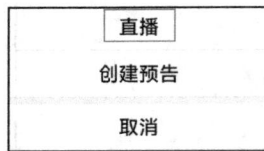

直播
创建预告
取消

图8-71 点击"直播"
按钮

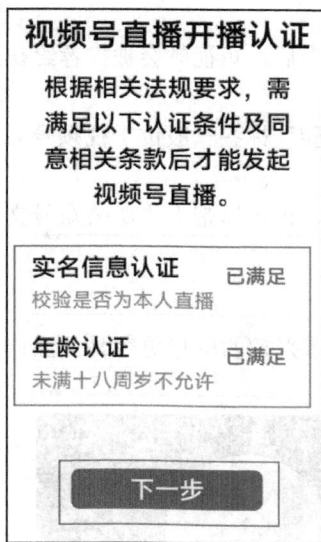

图8-72　点击"下一步"按钮　图8-73　点击"同意并继续"　图8-74　点击"开始"按钮
按钮

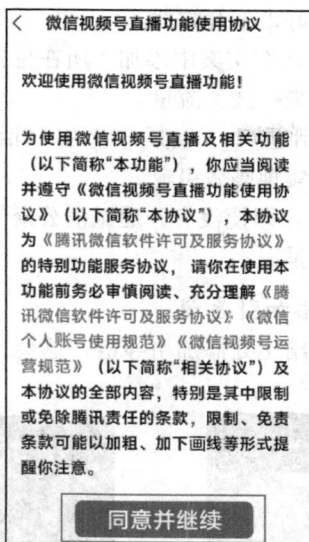

8.4.4　视频号引流

无论在哪个直播平台，引流都是十分重要的，在视频号运营早期阶段，引流是最重要的工作之一。下面介绍视频号引流的方法。

1. 设置个人简介

视频号里的个人简介，无论是对个人还是对企业，都是非常重要的信息。在设置视频号的个人简介时，需要注意以下几点。

（1）视频号支持超过10行的个人简介，但总长度不能超过400个字符。

（2）视频号支持换行排版，以及插入表情符号等，这个功能非常符合青年的需要。

（3）在个人简介里要突出个性或优势。比如，自身具备哪些能力，在哪些平台上拥有大量粉丝，在哪个领域里获得过专业奖项或荣誉，以及自己所属的单位或职务等，方便用户快速知道主播的身份。

2. 添加文案

在视频号发布短视频时，可以在短视频下方添加一段描述性的文案，写好这段文案，就有机会让更多用户打开短视频。

好的文案能吸引用户的注意力、调动用户的情绪、激发用户的好奇心、迅速抓住用户，如图8-75所示。

在编写文案时，建议做好以下几方面。

（1）添加"所在位置"，在文案中添加"所在位置"后，短视频会被推荐给在相同位置的用户，有可能带来一波新流量。

（2）在文案中添加"#话题#"。视频号里的"#话题#"标签一般位于视频号界面下方的文案区，可以用来实现高效引流。

（3）添加"扩展链接"，即便没有开通微信公众号，也可以带上优质公众号文章的链接，为公众号带去流量。

3. 在短视频结尾处添加引导语

图8-76所示为在短视频结尾处添加引导语，这会让感兴趣的用户更容易关注该视频号。

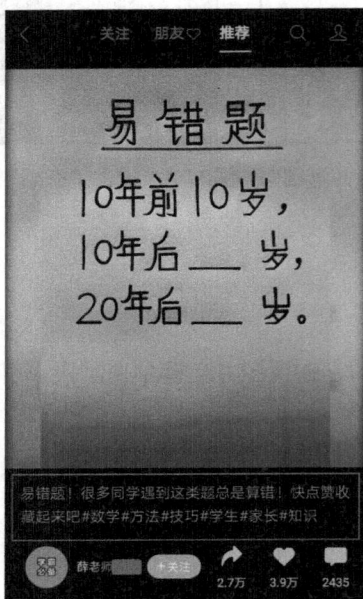

图8-75　文案要吸引用户的注意力　　　　图8-76　在短视频结尾处添加引导语

4. 分享到朋友圈

把制作好的短视频分享到朋友圈，相当于做了一次引流推广，好友也有可能将短视频分享到他的朋友圈，形成二次传播。

好友在朋友圈点击某一短视频的次数越多，他看到同类其他短视频的概率就越大，这样就会慢慢吸引同频的好友关注。将短视频分享到朋友圈如图8-77所示。

5. 转发到微信群

将短视频转发到微信群如图8-78所示，转发时的关键是要写好文案，以便吸引群成员点击观看。如果内容吸引人，又受到群成员认可，就很容易收获关注。

图8-77　将短视频分享到朋友圈

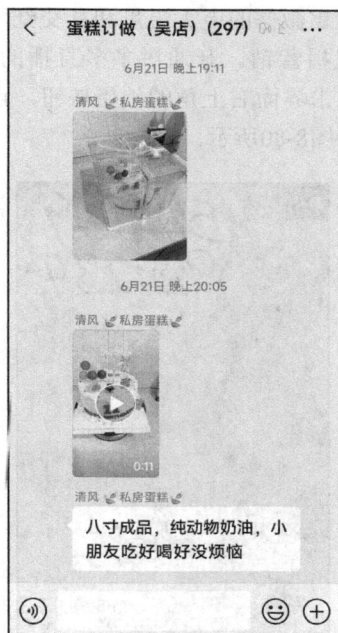

图8-78　将短视频转发到微信群

8.4.5　增加直播点赞量

点赞量是直播间活跃度的一种体现。点赞量提高时，直播间的留存数据等都会提升，这对直播间的人气是有利的。点赞越多，直播间上热门的机会越大，所以在直播的时候，主播可以适当引导用户为直播点赞。

提高视频号直播点赞量的方法如下。

（1）直播的时候，主播可以拜托粉丝点关注、点赞。

（2）在视频内容中求点赞，可以用字幕提示用户。

8.5　其他直播平台营销实战

除了淘宝直播、抖音直播、快手直播外，常见的直播平台还有拼多多直播和小红书直播。

8.5.1　拼多多直播营销

拼多多以社交电商起家，与其他电商平台相比，其具有门槛低、流量大、推广快、成本低等优势。从商业模式上来看，拼多多主打"团购"和"低价"的运营策略，背靠微信的庞大流量和社交红利，吸引了大量的忠实消费者。图8-79所示为拼多多直播营销。开通拼多多直播的操作步骤如下：打开拼多多App，进入多多视频，点击界面右上角的拍摄按钮，点击"开直播"按钮，随后点击"开始直播"按钮，如图8-80所示。

图8-79 拼多多直播营销

图8-80 开通拼多多直播

拼多多的特点如下。

（1）拼多多直播的主要优势在于依靠微信获得了巨大的社交流量。同时，拼多多的交易门槛非常低，用户可以通过App、微信公众号及小程序等多个渠道进入拼多多购物。

（2）在用户层面上，拼多多通过不断降低用户的交易成本，满足了用户的基本消费需求。

（3）用户在拼多多购物时，可以直接使用微信快速下单支付，支付门槛低。用户还可以通过微信、拼小圈、QQ好友等分享"拼团"。这种点对点的触达方式，将用户信息筛选和商品选择的门槛降低了。

（4）在拼多多的用户中，女性用户占比较大。她们擅长通过各种方式对商品进行对比，最终挑选出性价比较高的商品；此外，她们也喜欢在社交平台上分享自己的购物经历。拼多多的特性比较符合女性用户的这些需求，所以比较受女性用户的喜爱，积累了一大批女性用户。

拼多多对直播的定位是"提供给商家的一个运营私域流量的工具"，其主要作用在于帮助商家利用私域流量实现裂变。拼多多直播的生态特征如表8-1所示。

表8-1 拼多多直播的生态特征

项目	说明
平台类型	电子商务平台,供应链和运营体系较为完善
平台特性	①具有较强的社交属性,商品信息依靠用户之间的相互分享实现病毒式传播 ②直播更像一种营销工具和服务形式,其核心任务在于帮助商家运营自己的私域流量
流量来源	①拼多多App首页、直播广场、店铺主页、商品详情页等 ②微信群
主要供应链	拼多多自有供应链
直播商品属性	以低价白牌商品为主,家居生活类用品较多,其次为服饰、食品类商品,以及农产品
直播模式	以商家自播为主

8.5.2　小红书直播营销

小红书能在一众与用户有着高黏性的直播平台中脱颖而出,主要原因在于其拥有如下强大的优势。

1. 转化率和复购率高

小红书直播营销数据呈现"三高一低"特征,即客单价高、转化率高、复购率高和退货率低。

2. 用户年轻化、基数大

截至2022年,小红书累计用户已经达到4.5亿人。小红书用户以年轻人为主,年轻人思想比较超前,易于接受新事物,消费欲望强烈。

3. 用户信任度高

小红书直播是分享型的直播,主播通过分享使用商品的效果,增加用户的信任度,从而提高转化率。互动分享是当前小红书直播最重要的功能。小红书直播是主播的会客厅,主播不是单纯"带货",而是把自己认为好的生活方式分享给直播间的用户。

4. 社交电商优势

小红书互动性很强,用户可以通过发布视频与图片、关注发布者等方式与他人进行交流,用户之间的黏性很强,关联度很高。好友推荐或平台"种草"可以增强用户对商品的信任,利于成交。小红书正是通过社交方式引流用户到商城,实现社交电商布局的。

5. 艺人入驻

小红书除了有广大的普通用户入驻,还有一群艺人入驻。艺人吸引其粉丝加入小红书，增加了平台的用户量。除此之外，艺人还给小红书带来了话题热度，提升了小红书的知名度及美誉度。

6. 全平台流量支持

小红书为每一个主播提供全平台的流量支持，会给带活动话题的笔记创造更多的曝光量。同时，小红书有强大的团队帮助主播制订各阶段精细化的内容成长计划，并对其进行全面的培训指导，帮助其在直播行业中走得更远。

开通小红书店铺的具体操作步骤如下。

（1）打开小红书App，点击"我"按钮，点击 ≡ 按钮，如图8-81所示。

（2）在打开的界面中点击"创作中心"按钮，如图8-82所示。

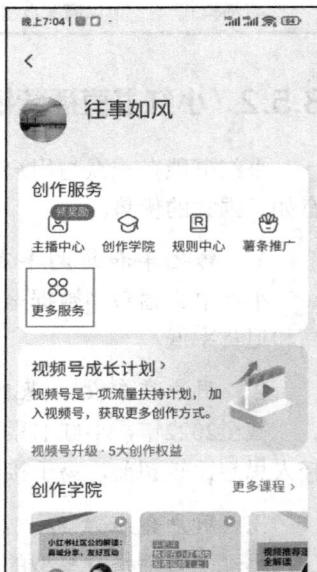

（3）在打开的界面中点击"更多服务"按钮，如图8-83所示。

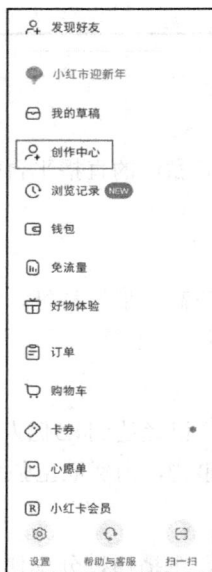

图8-81　点击 ≡ 按钮　　　图8-82　点击"创作中心"　　　图8-83　点击"更多服务"
　　　　　　　　　　　　　　　　　按钮　　　　　　　　　　　　按钮

（4）打开"更多服务"界面，点击"内容变现"下的"开通店铺"按钮，如图8-84所示。

（5）在打开的界面中点击"立即开店"按钮，如图8-85所示。

（6）在"店铺申请"界面中，店铺类型选择"个人店"，勾选"入驻前请阅读《小红书商家服务协议》"，点击"下一步"按钮，如图8-86所示。

（7）在"经营类目"界面中选择"普通商品"，点击"下一步"按钮，如图8-87所示。

（8）在"个人信息"界面中填写个人的信息，如图8-88所示，勾选"我同意《实名认证协议》"，点击"确认提交"按钮。验证通过审核之后，就可以开通店铺。

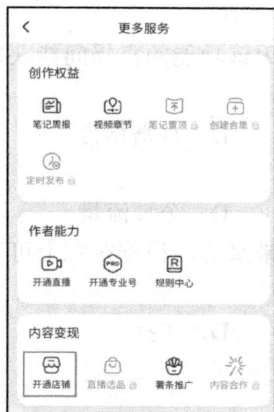

图8-84　点击"开通店铺"按钮　图8-85　点击"立即开店"按钮　图8-86　选择店铺类型

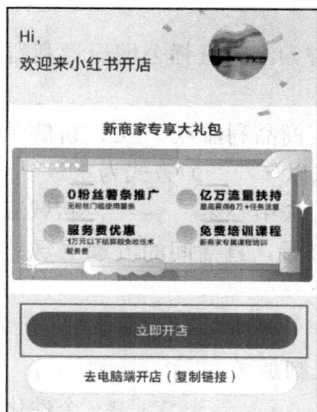

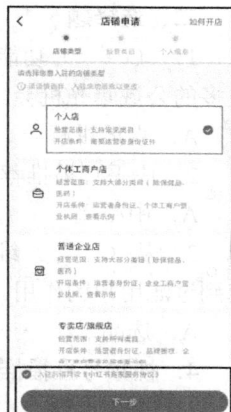

图8-87　选择"普通商品"　　　　图8-88　填写个人信息并提交

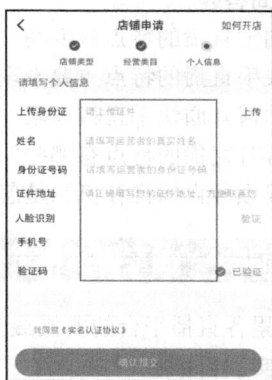

本章自测题

一、填空题

1. 商家在进行直播前，一般会发布＿＿＿＿＿＿＿＿，不仅是为了告诉用户直播的时间，还可以预告一些直播内容，让感兴趣的用户安排时间来观看。

2. ＿＿＿＿＿＿＿＿的功能是在商家开播后系统自动抓取直播间信息，在商家粉丝群内进行开播提醒、热卖商品提醒、直播间权益提醒，将群成员引到商家直播间，进行成交转化。

3. ＿＿＿＿＿＿＿＿是抖音直播提供的帮助创作者实现有奖销售的营销互动工具，能帮助主播实现抽奖流程规范化。

4. ＿＿＿＿＿＿＿＿是指视频号通过分析用户标签进行直播内容匹配及推荐。

5. 小红书直播是＿＿＿＿＿＿＿＿的直播，主播通过分享使用商品的效果，增加用户的信任度，从而提高转化率。

二、选择题

1. （　　）功能被誉为淘宝直播公域流量利器，使用该功能的直播间能获得更多的公域曝光机会。

A．直播讲解　　　B．商品利益点　　C．讲解录制　　　D．直播预告

2. 快手直播推荐算法以（　　）方式为主。

A．中心化　　　　B．去中心化　　　C．私域流量　　　D．公域流量

3. 从（　　）维度来看，直播间的流量主要是视频带来的，视频客观上可以起到过滤用户的作用。

A．选品　　　　　B．"带货"　　　　C．流量　　　　　D．主播

4. 视频号直播推荐机制是（　　）。

A．去中心化　　　　　　　　　　　B．个性化推荐

C．社交推荐　　　　　　　　　　　D．个性化推荐+社交推荐

三、简答题

1. 淘宝直播的特点有哪些？

2. 快手直播的特点主要表现在哪些方面？

3. 如何开通快手直播权限？

4. 抖音直播的特点有哪些？

5. 视频号直播推荐机制是怎样的？

任务实训——在直播平台进行营销实战

为积累各直播平台的实操经验，我们将进行下述实训。

一、实训目标

1. 熟悉淘宝、快手、抖音、视频号等不同直播平台的区别。

2. 掌握通过淘宝、快手、抖音、视频号等直播平台进行直播"带货"的具体操作方法。

3. 掌握在任意直播平台上开启直播的主要流程。

二、实训内容

选择任意直播平台，完成开通直播权限、选品、添加商品、互动设置、数据分析等全流程操作，这里以抖音为例。

1. 开通抖音直播权限，完成实名认证。

2. 开通直播"带货"权限，在自己的视频和主页中分享商品信息。

3. 开通抖音小店，使用商品交易、店铺管理功能。

三、实训要求

1. 选择平台时要清楚选择某一平台的原因。

2. 通过粉丝群维护、优化直播内容等运营方式，争取将直播间峰值在线人数增加到100人以上。